"十四五"职业教育国家规划教材

民航旅客安检

（第二版）

主　编　吴瑞雾

副主编　索　扬　邓　晶

中国教育出版传媒集团

高等教育出版社·北京

内容提要

本书是"十四五"职业教育国家规划教材,为贯彻落实立德树人根本任务,加强学生的国家安全教育,增强学生的国家安全意识和素养,依据教育部《中等职业学校航空服务专业教学标准》、民航安检员职业资格准入制度和《民航安检员国家职业标准》,以及"理实一体化""做中学、做中教"等职业教育教学理念,在第一版的基础上修订而成。

本书分为七个项目,包含初识民航安检工作、机场运行安保、证件检查、物品检查、人身检查、开箱(包)检查、知法守法 确保航空安全。全书内容通俗易懂、图文并茂,可读性和可操作性强。

本书配套电子教案、演示文稿等辅教辅学资源,请登录高等教育出版社 Abook 新形态教材网获取相关资源。详细使用方法见本书最后一页"郑重声明"下方的"学习卡账号使用说明"。

本书可作为中等职业学校航空运输类专业的教学用书,也可作为航空服务相关岗位在职人员的培训用书。

图书在版编目(CIP)数据

民航旅客安检 / 吴瑞雾主编 . -- 2 版 . -- 北京:
高等教育出版社 , 2023.8
ISBN 978-7-04-060111-4

Ⅰ . ①民… Ⅱ . ①吴… Ⅲ . ①民用航空 – 旅客 – 安全检查 – 中等专业学校 – 教材 Ⅳ . ① F560.81

中国国家版本馆 CIP 数据核字 (2023) 第 035247 号

Minhang Lüke Anjian

策划编辑	曾 娅	责任编辑	王 悦	封面设计	张 楠	版式设计 张 楠
责任绘图	杨伟露	责任校对	刘俊艳 胡美萍	责任印制	朱 琦	

出版发行	高等教育出版社	网 址	http://www.hep.edu.cn
社 址	北京市西城区德外大街 4 号		http://www.hep.com.cn
邮政编码	100120	网上订购	http://www.hepmall.com.cn
印 刷	大厂益利印刷有限公司		http://www.hepmall.com
开 本	889mm×1194mm 1/16		http://www.hepmall.cn
印 张	8.25	版 次	2022 年 2 月第 1 版
字 数	160 千字		2023 年 8 月第 2 版
购书热线	010-58581118	印 次	2023 年 8 月第 1 次印刷
咨询电话	400-810-0598	定 价	24.80 元

第二版前言

本书是"十四五"职业教育国家规划教材。

《民航旅客安检》自2017年出版以来,受到广大职业院校民航运输类专业师生的欢迎与认可。随着时代的发展与科技的进步,民航安检工作的内容和观念也发生了一些变化。为了更好地适应民航安检岗位的用人需求以及职业教育发展的新要求,编写团队对《民航旅客安检》进行了修订,以进一步突出以下特点。

一、落实立德树人,增强安全意识和素养

一方面,此次修订将安检人员的职业道德规范内容从原来的第九章,移到了新版教材的项目一,使学生在本课程学习之初,就接受职业道德教育和熏陶。教材通过系统介绍安检各岗位的职责、规范文明用语以及民航相关法律法规等,弘扬爱岗敬业精神,引导学生树立风险忧患意识,强化安全责任意识,培养文明服务意识,全面贯彻党的教育方针,落实立德树人根本任务,广泛践行"文明、法治、爱国、敬业"等社会主义核心价值观。另一方面,民航安全事关国家安全、社会稳定,教材通过"任务实施"和"阅读材料"介绍安检工作的原则及各环节操作要点,全面阐述了安检工作的重要性,贯彻落实总体安全观,加强国家安全教育,增强学生的国家安全意识和素养。

二、立足"三教"改革,适应中职学生的认知特点

1. 调整教材体例,体现职教特色

此次修订,将教材的体例由原来的"章—节"改为"项目—任务"编排。通过"项目导读""任务目标""任务分析""任务实施""课堂实训""阅读材料""综合实训""思考与练习"等栏目的设置,本教材的体例结构更加清晰,内容排列顺序更加合理,知识呈现更加系统。有利于发挥教师的主导性作用和学生的主体性功能。修订教材图文并茂的设计和阅读材料的丰富,更加符合中职学生的心理特征和认知规律。

2. 调整教材内容结构和顺序,落实"岗课证"紧密衔接

此次修订为避免航空运输类专业相关课程教学内容的重复,删除了原教材第一章和第二章的内容;将"第九章 规范安检人员的职业行为"与"第三章 初识安检工作"合并,使教学内容更加充实饱满,并归入新版教材的项目一。修订后的教材内容涵盖了机场安检各岗位,完善了初级安检员岗位应知应会内容和技能,并对重点环节通过流程图的形式展现,便于学生理解掌握。技能操作环节设计了实训内容和评分表,便于学生和教师使用。原书图片、案

例在此次修订中做了部分调整，以保证教学内容与时俱进，与民航安检一线工作相贴合。通过本教材的学习，学生能够了解和掌握民航初级安检员的岗位要求，为考取职业资格证书做铺垫。

三、关注行业动态，教材内容与时俱进

此次修订，关注了民航业的新技术、新发展、新规范，在书中以案例等形式呈现。本教材立足我国民航安检工作岗位对安检工作人员素质能力的要求，通过学习，使学生充分认识民航安全的重要性和必要性，进一步提高民航安全意识，增强空防安全工作的责任感、紧迫感和使命感。

本书分为 7 个项目，建议学时为 108，学时分配见下表（供参考）。

项目	任务	建议学时	合计	备注
项目一 初识民航安检工作	任务一　民航安检工作的产生和发展	1	5	
	任务二　民航安检工作概述	3		
	任务三　安检人员的职业道德规范	1		
项目二 机场运行安保	任务一　机场控制区管制监控	2	6	须安排一定的学时，让学生熟记监控监护程序、方法和问题处置等，有条件时可进行模拟演练
	任务二　民用航空器地面安全监护	2		
	任务三　爆炸物的处置	2		
项目三 证件检查	任务一　乘机有效证件	4	10	
	任务二　证件检查的实施	6		
项目四 物品检查	任务一　禁止旅客随身携带或者托运的物品	4	8	
	任务二　限制运输的物品	2		
	任务三　航空货物运输基础	2		
项目五 人身检查	任务一　人身检查的设备	2	32	课堂教学 5 学时，学生实操训练 24 学时，测试考核 3 学时
	任务二　人身检查的实施	30		
项目六 开箱（包）检查	任务一　开箱（包）检查任务实施	14	42	课堂教学 4 学时，学生实操训练 10 学时
	任务二　常见物品的检查方法	14		课堂教学 4 学时，学生实操训练 10 学时
	任务三　开箱（包）检查的情况处置	14		课堂教学 4 学时，学生实操训练 10 学时
项目七 知法守法　确保航空安全	任务一　航空安保的两个组织	1	5	
	任务二　国际民航领域中的公约	1		
	任务三　《中华人民共和国民用航空法》	1		
	任务四　《中华人民共和国民用航空安全保卫条例》	1		
	任务五　安检法规、规则的相关知识	1		
总计			108	

本教材由吴瑞雾担任主编，索扬、邓晶任副主编。编写人员及具体编写分工如下：吴瑞雾编写项目一（任务一、二）、项目二、项目四；索扬编写项目三、五、六；邓晶编写项目一（任务三）、项目七。

教材在编写和修订过程中，得到了北京市外事学校领导的大力支持以及航空服务专业部所有教师的帮助，得到了首都机场安保公司培训部领导的指导，得到了首都机场安检一线员工的协助，很好地体现了校企合作、产教融合，在此一并表示感谢。

　　由于编者水平和编写时间有限，教材难免存在不足之处，恳请广大读者给予批评指正，以便我们再次修订时加以完善。读者意见反馈邮箱：zz_dzyj@pub.hep.cn。

编　者

2023 年 6 月

第一版前言

新时期，我国民航业大众化、多样化趋势明显，其快速增长是民航业阶段性发展的基本特征，民航业发展迎来新的历史机遇。伴随经济全球化进一步加深，我国实施主体功能区战略，民航关联产业持续保持快速增长，航空运输市场发展空间广阔。

长期以来，民航业发展的基本矛盾是供给能力难以满足快速增长的市场需求。在新的形势下，航空领域高素质的技能型人才需求增大，大型机场的建设和发展急需职业道德高尚、基本素质高、技术娴熟的航空服务专业人才。

本教材立足我国民航安检工作岗位对人才素质与能力的要求，结合中等职业学校航空服务专业学生职业生涯发展的需求编写而成。本教材内容共十章，力求贴近中职学生的生活常识和认知水平，由浅入深，引领学生从一名普通学生成长为一名知识、技能、素质合格的初级安检工作人员。

针对目前各地机场安保措施的升级和安检措施的加强，本教材对民航安检工作的各个环节进行了详细的描述。为符合中职学生的认知特点，对于重点操作性工作环节采用了流程图的表述方式，使知识内容一目了然，便于学生掌握，实用性和操作性强。书中采用了大量民航安检一线工作的案例和图片，突出教材的可读性，吸引学生阅读。通过本教材学习，学生能够了解和掌握民航五级安检员的要求，为考取职业资格证书做铺垫。

考虑到学生实践操作及技能训练的需要，本教材建议学时为 108 学时。

课时分配表

章	节	建议学时数	合计	备注
第一章 "坐飞机"攻略	第一节　顺利登机	3	6	
	第二节　行李轻松过安检	3		
第二章 机场与航班	第一节　机场的结构和分区	2	5	
	第二节　航线与航班	1		
	第三节　航空公司	2		
第三章 初识安检工作	第一节　民航安检工作的来龙去脉	1	4	
	第二节　民航安检工作	3		

章	节	建议学时数	合计	备注
第四章 机场运行安保	第一节　候机隔离区安全监控	2	6	需安排一定量学时，让学生熟记监控监护程序、方法和处置等，有条件的可进行模拟演练
	第二节　民用航空器地面安全监护	2		
	第三节　爆炸物的处置	2		
第五章 证件检查	第一节　乘机的有效证件	4	10	
	第二节　证件检查的实施	6		
第六章 物品检查	第一节　禁止旅客随身携带或者托运的物品	4	8	
	第二节　限制运输的物品	2		
	第三节　航空货物运输基础	2		
第七章 人身检查	第一节　人身检查的设备	2	32	课堂教学 5 学时，学生实操训练 24 学时，测试考核 3 学时
	第二节　人身检查实施	30		
第八章 开箱（包）检查	第一节　开箱（包）检查任务实施	10	30	课堂教学 4 学时，学生实操训练 6 学时
	第二节　开箱（包）检查的重点对象及常见物品的检查	10		课堂教学 4 学时，学生实操训练 6 学时
	第三节　开箱（包）检查的情况处置	10		课堂教学 4 学时，学生实操训练 6 学时
第九章 规范安检人员的职业行为	第一节　什么是职业道德	1	2	
	第二节　安检人员应如何遵守职业道德规范	1		
第十章 知法守法　确保航空安全	第一节　航空安保的两个组织	1	5	
	第二节　国际民航公约	1		
	第三节　《中华人民共和国民用航空法》	1		
	第四节　《中华人民共和国民用航空安全保卫条例》	1		
	第五节　安全检查法规、规则的相关知识	1		
合计			108	

　　本教材由吴瑞雾担任主编，索扬、邓晶任副主编。具体编写分工如下：吴瑞雾编写第一、二、三、六章；索扬编写第四、五、七、八章；邓晶编写第九、十章。

　　本教材在编写过程中，得到了北京市外事学校领导的大力支持以及航空服务专业部所有老师的帮助，同时得到了首都机场安保公司培训部领导的指导，以及首都机场安检一线员工的协助，很好地体现了校企合作、产教融合，在此一并表示感谢。

　　限于编者水平和编写时间，教材中难免有不尽如人意之处，恳请广大读者给予批评指正，以便我们修订时加以完善。读者意见反馈邮箱为 zz_dzyj@pub.hep.cn。

编　者
2021 年 7 月

目 录

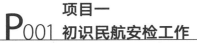

项目一
初识民航安检工作

项目导读

　　作为一名航空运输类专业的学生，学习"民航旅客安检"这门课程，首先要认识到民航安检工作的必要性和重要性，其次要了解民航安检工作的相关知识，最后要了解安检人员的职业道德规范。通过本项目的系统学习，为后面具体安检工作内容的学习做铺垫，初步形成基本的行业认同感，树立安检工作的责任感和使命感。

任务目标

通过本任务的学习，了解民航安检工作的产生和发展，认识到民航安检工作的必要性，理解快捷、便利的安检流程是提高机场服务水平的重要手段。

任务分析

为了保障民用飞机和旅客生命财产安全，民航安检工作应运而生。机场安检工作主要负责对进入机场各个区域的人员、车辆等的安检，负责通道警卫、航空器监护以及商品货物、出港货物、邮件的安检等工作，同时为驻场单位提供各类航空安保服务，以确保机场实现安全运营，提升机场服务品质，为中外航空企业提供优质的地面安全保障服务。

任务实施

一、世界民航安检工作的产生和发展

世界民航业发展之初，飞机数量少，载客量小，也没有各类恐怖分子破坏飞机造成恶劣后果和影响的事件发生。第二次世界大战之后，国际民航业迅猛发展，加之国际恐怖主义活动日趋频繁，国际上劫（炸）机事件日渐增多，给机上旅客的生命和财产安全带来很大损失，影响了民航运输业的发展，也给各国政府带来极大困扰。

为能较好地解决劫机事件，1963年9月14日，国际民航组织召集缔约国在东京签订了《关于在航空器内的犯罪和其他某些行为的公约》（简称《东京公约》）；1970年12月16日，各缔约国在荷兰海牙签订了《制止非法劫持航空器的公约》（简称《海牙公约》）。但《东京公约》和《海牙公约》签订后，国际劫机案件仍然层出不穷，而且破坏民航飞机和民航设施的案件连续不断发生。因此，1971年9月8日到23日，国际民航组织在加拿大蒙特利尔召开了航空法外交会议，并于9月23日签订了《制止危害民用航空安全的非法行为公约》。

然而，由于客机价格昂贵，旅客来自世界各地，劫持事件导致每时每刻都有机毁人亡的危险。因此，世界各国政府和航空公司不得不采取必要的防范措施。于是，民航安全检查应运而生，并在短短几年中迅速发展成了一种全球性的航空保卫工作，以保证飞机和旅客的安全。

安全检查机构组建之初，全部采用的是人工检查方式，这种方式时间长，工作量大，易

受主观影响。20 世纪 70 年代中期，开始采用人工检查和质量不高的仪器检查并用的方式。后来，检查仪器的质量、使用规模和安全检查的组织结构日趋完善。目前这种综合型的安检手段正走向全新的阶段。

阅读材料

无接触自助安检让安检更便利、更智慧

2021 年 9 月，深圳机场"无接触自助安检"（图 1-1）模式开始试运行，成为首家实现该安检模式的国内机场。从深圳机场出发的旅客，可自主进行全流程自助、无接触式安全检查，最快 2 分钟即可通过安检，享有更高效、更便捷、更人性化的乘机安检体验。

图 1-1　无接触自助安检

长期以来，旅客及其随身行李检查是全球机场安全检查的重点与难点，也制约着安检效率和服务质量的提高。当前旅客出行对安检需求发生了变化，在安检过程中，旅客不仅要求安全、快速、便捷，同时要求体验愉悦。作为引领智慧机场发展的深圳机场，此次推出的"无接触自助安检"模式应用了更先进的技术。"无接触自助安检"模式与传统安检相比，最大的创新之处在于利用了手提行李 CT 安检设备、毫米波人体检查设备等民航安检最前沿的科技设备。此外"无接触自助安检"模式还可以避免旅客与安检人员的非必要接触，更符合彼时"新冠"疫情防控的需要。

"无接触自助安检"模式共有两大关键步骤。关键步骤一，用手提行李 CT 安检设备检查旅客随身行李。在"无接触自助安检"模式下，旅客通过闸机自助验证进入安检通道后，自行脱下腰带和鞋，并通过手提行李 CT 安检设备对随身行李进行检查，行李中的笔记本电脑、雨伞等物品无须再单独取出。关键步骤二，通过毫米波人体检查设备进行人身检查。检查前，旅客只需将随身物品掏出，仪器若不报警即可快速通行。安检人员不再使用手持金属探测器接触旅客，只对报警部位进行安全确认即可放行。

分析： 在安全和速度之间寻找平衡是机场安检面临的一大难题。国际航空运输协会（IATA）曾对全球来自 153 个国家的共 10 675 名旅客进行访谈。其中，安检流程被认为是乘机体验的"痛点"。由此可见，快捷、便利的安检流程无疑是提高机场服务水平的重要手段。

"无接触自助安检"模式能为旅客带来更好的出行体验，在保障安全的同时取代传统的手工人身检查，降低手提行李开箱检查比例。在"新冠"疫情防控期间，该模式实现了旅客在检查过程中与安检人员零接触。

当前，人工智能已经融入安防行业，对安检工作而言是一场技术的变革。传统安检存在着依靠人工判图、信息闭环割裂、跨部门联动难度大、大数据无法回溯等问题，如今在人工智能、大数据的支持下，安检工作已经在逐步向实现自动识别、智能预警、可视化监管、信息同步、统一调度等方面发展，从而较好地解决安检过程中风控维度单一、无法提前感知风险以及安检效率低下等问题。可以说，智慧安检已经成为安检行业的重要趋势。

二、我国民航安检工作的发展

二十世纪六七十年代，我国的民航事业处于起步阶段，安全检查工作也还未正规化。

1977 年、1979 年，我国先后发生两起不法分子妄图劫持国内航线飞机叛逃国外的事件，由于机组人员机智勇敢的斗争，其阴谋未能得逞。

1979 年 3 月，国际民航驾驶员协会决议强调，如不采取完备的控制措施，任何客机将不得从机场起飞。为加速建设我国机场的安全检查工作，公安部与民航总局（现中国民用航空局）在 1979 年 5 月联合派出考察团，赴法国、瑞士考察其机场安检工作。

1980 年 9 月，国务院批准了公安部、民航总局的报告，同意对国际航班实施安全检查。1981 年 3 月 15 日，公安部发布了关于航空安全检查的通告并决定，自 1981 年 4 月 1 日起，对民航国际航班实施安全检查。1981 年 11 月 1 日，开始对民航国内航班实施安全检查。从此中国的民航安检工作走上了新的发展道路。

民航安检工作刚开始时，由边防检查站负责，对国际航班实施检查。1981 年 11 月 1 日后，民航安检工作由民航公安保卫部门负责。1983 年 7 月，武警安全检查站成立，负责民航安检工作，安检管理体制逐步形成。1992 年 4 月，安检工作由武警安全检查站移交民航，民航机场组建的安全检查站开始负责民航安检工作。

目前，机场安检工作岗位的主要职责是对进入机场各个区域的旅客的安全检查、通道警卫、航空器监护，以及商品货物、出港货物、邮件的安全检查等，同时为驻场单位提供各类航空安保服务，以确保机场实现安全运营，提升机场服务品质，为中外航空企业提供优质的地面安全保障服务。

以北京首都国际机场为例，1992 年 4 月 12 日，北京首都国际机场遵照国务院文件精神接管原属北京边防局负责安全检查、飞机监护的 40 名干部及 110 名战士，与首都机场公安分局行李检查科 75 名公安干警合并，组成了共计 225 人的北京首都国际机场安全检查站，隶属公安部门管辖。随后，首都机场安检队伍不断发展壮大，并于 2006 年 10 月 10 日正式注册成为国内首家具有独立法人资质的航空安保专业公司。

万米高空上的斗智斗勇

　　1982 年 7 月 25 日，中国民航 2505 号航班于上午 8 时，从西安西关机场起飞，飞往上海虹桥机场。就在飞机准备下降时，一场劫机事件发生了。3 名手持匕首的歹徒突然冲进驾驶舱，用匕首对着机长、副机长的颈部。另 2 名歹徒把住驾驶舱门，把前舱的旅客赶到后舱。机长杨继海有着 30 年飞行经验，他迅速向地面汇报："民航 2505 被劫持！被劫持了！"话音刚落，一名劫匪冲过来，一把砸坏了通话联络设备。飞机在上海虹桥机场上空盘旋了 2 个多小时。杨继海以驾驶舱人太多，影响飞行为由，哄骗两名歹徒走出驾驶舱。机械员刘兆贤、报务员苗学仁、女乘务员徐克敏随机应变，组织旅客和歹徒相拼。最终 5 名歹徒寡不敌众，很快被制服。15 时 54 分，这架在空中盘旋数小时的飞机，终于平稳地降落在上海虹桥机场，所有旅客都安然无恙。从这以后，中国各民航机场都装备了金属探测器、X 光机，机场人员、机组人员都有了防劫机的意识。

　　分析： 2505 号航班机组（图 1-2）这种在危难时刻挺身而出的精神正是一个民族精神面貌的体现。这样的民航工作人员是人民信得过的，他们在关键时刻是能够勇于为旅客的生命财产安全而英勇献身的。为了严密杜绝这种恶性事件的发生，保障旅客生命和国家财产的安全，每一名基层安检人员都肩负重任，不容有失。

图 1-2　英勇的 2505 机组

 课堂实训

　　搜索近年来国际上发生的重大劫机事件的资料，总结这些劫机事件与机场安检工作的关系，从而说明安检工作的重要性。

任务二　民航安检工作概述

任务目标

通过本任务的学习，熟悉安检工作的概念、性质、任务、原则、职能、权限、法律特征及特点，掌握民航安检工作的基本程序，全方位地了解民航安检工作，理解民航安检工作的重要性。

任务分析

安全是民航永恒的主题，是发展之基。民航安检工作与社会公众生命财产安全密切相关，事关国家安全。安检人员作为民航事业的一线工作者，承担着重大的安全责任，需对生命保持着最崇高的敬畏，明确安检工作的性质和任务，坚持"安全第一，严格检查"等原则，为总体国家安全作贡献。

任务实施

一、民航安检工作的概念

安检工作全称为安全技术检查工作，指在指定的区域内，为保障广大人民生命、财产及公共设施的安全所采取的一种强制性的技术检查。它包括民航、客运（火车、汽车）、港口、轨道交通、场馆设施等区域的安全技术检查工作。

民航安检工作全称为民航安全技术检查工作，指在民用机场实施的为防止劫（炸）飞机和其他危害航空安全事件的发生，保障旅客、机组人员和飞机安全所采取的一种强制性的技术性检查工作。

二、民航安检工作的性质

民航安检工作是民航空防安全保卫工作的重要组成部分，是国务院民用航空主管部门授权的专业安检队伍，为保障航空安全，依照国家法律法规对乘坐民航班机的旅客、物品以及航空货物、邮件进行公开的安全技术检查，防范劫持、炸毁民航班机和其他危害航空安全的行为，保障国家和旅客生命财产的安全，具有强制性和专业技术性。

三、民航安检工作的任务

民航安检工作包括对乘坐民用航空器的旅客及其行李，进入候机隔离区的其他人员及其物品以及空运货物、邮件的安全技术检查；对候机隔离区内的人员、物品进行安全监控；对执行飞行任务的民用航空器实施监护。

四、民航安检工作的原则

（一）安全第一，严格检查

确保安全是民航安检工作的宗旨和根本目的，而严格检查则是实现此目的的手段和对安检人员的要求。在工作岗位上，要求安检人员严密地组织勤务，执行各项规定，落实各项措施，以对国家和旅客高度负责的精神，牢牢把好安全技术检查、飞机监护等关口，切实做到证件检查不符不放过、安全门报警不排除疑点不放过、X射线机图像判断不清不放过、开箱（包）检查不彻底不放过，以确保飞机和旅客的安全。

（二）坚持制度，区别对待

国家法律、法规以及有关安检的各项规章制度和规定，是指导安检工作的实施和处理各类问题的依据，安检人员必须认真贯彻执行，绝不能有法不依、有章不循。同时，还应根据特殊情况和不同对象，在不违背原则和确保安全的前提下，灵活处置各类问题。通常情况下对各类旅客实施检查，既要一视同仁，又要注意区别，明确重点，有所侧重。

（三）内紧外松，机智灵活

内紧，指安检人员要有敌情观念，要有高度的警惕性和责任心、紧张的工作作风、严密的检查程序，要有处置突发事件的应急能力等，使犯罪分子无空可钻。外松，指安检人员在检查时要做到态度自然、沉着冷静、语言文明、讲究方式，按步骤有秩序地进行工作。机智灵活，指在错综复杂的情况下，安检人员要有敏锐的观察能力和准确的判断能力，善于分析问题，细心观察受检人员的言谈举止、着装打扮和神态表情，能够发现蛛丝马迹，不漏掉任何可疑人员和物品。

（四）文明执勤，热情服务

机场是地区和国家的窗口，安检工作是机场管理和服务工作的一部分。安检人员要树立全心全意为人民服务的思想，做到检查规范、文明礼貌、着装整洁、仪表端庄、举止大方、说话和气，尊重不同地区、不同民族的风俗习惯。同时，要在确保安全不影响正常工作的前提下，尽量为旅客排忧解难。对伤、残、病旅客予以优先照顾，不能伤害旅客的自尊心；对孕妇、幼童、老年旅客要尽量提供方便，给予照顾。

五、民航安检工作的职能

安检工作的职能具体表现为以下三方面：

（1）预防和制止企图劫（炸）机等犯罪活动的职能；

（2）保护国家和人民生命财产安全的职能；

（3）服务职能。

安检人员应树立为旅客服务的思想，文明执勤，在保障旅客乘机安全的前提下，尽力保证航班能正点起飞，不因安检原因延误航班。

六、民航安检工作的权限

（一）行政法规的执行权

即只有行政法规的执行权，没有处罚权。

（二）检查权

（1）对乘机旅客的身份证件的查验权。通过对旅客身份证件的核查，防止旅客用假身份证件或冒用他人身份证件乘机，以及发现和查控通缉犯。

（2）对乘机旅客的人身检查权。包括使用仪器检查和手工检查。

（3）对行李物品的检查权。包括使用仪器检查和手工开箱（包）检查。

（4）对货物、邮件的检查权。

（5）对进入候机隔离区人员和登机人员的身份证件的检查权、人身检查权、物品检查权。

（三）拒绝登机权

（1）在安检过程中，当发现有故意隐匿枪支、弹药、管制刀具、易燃、易爆等可能用于劫（炸）机的违禁品及危险品的旅客时，安检部门有权不让其登机，并将人与物一并移交机场公安机关审查处理。

图 1-3 候机隔离区监护

（2）在安检过程中，对手续不符合要求和拒绝接受检查的旅客，安检部门有权不准其登机。

（四）候机隔离区监护权（图 1-3）

（1）候机隔离区没有持续实施管制的，在使用前，安检部门应当对候机隔离区进行清查。

（2）安检部门应当派专员在候机隔离区内巡视，对重点部位加强监控。

（3）经过安检的旅客应当在候机隔离区内等待登机。如遇航班延误或其他特殊原因离开候机隔离区的，再次进入时应当重新接受安检。

（4）候机隔离区内的商店不得出售可能危害航空安全的商品。商店运进的商品应当经过安检，并接受安检部门的安全监督。

（五）航空器监护权

（1）对出、过港航空器实施监护（图 1-4）。

图 1-4 航空器监护

（2）应机长请求，经机场公安机关或安检部门批准，安检人员可以进行清舱。

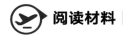 **阅读材料**

飞机清舱检查

11 月 18 日上午 7 时 25 分，从齐齐哈尔飞往北京的海南航空股份有限公司 HU7624 次航班即将起飞，机上的 94 名旅客已经全部登机。就在航班乘务员清点完人数，准备关闭舱门时，坐在 3 排 A、B 座位上的两名旅客突然要求下机，并且办理退票手续。由于事发突然，机长了解这一情况后，决定飞机暂不起飞，并要求乘务组协助全部旅客下机，同时将这一突发情况通知了机场方面。齐齐哈尔三家子机场接到海航 HU7624 航班机长的情况反馈后，机场安检部门立即启动了对该航班的紧急安检程序，对飞机进行"清舱检查"。安检人员对飞机的客舱和行李舱进行了细致检查，同时核对 2 名下飞机旅客的身份。确认安全后，机场安排了其他 92 名旅客重新登机。

分析：发生下列情况时，需要对飞机进行清舱检查。

（1）旅客登机前，需要清舱，检查客舱是否有外来人员、外来物品。

（2）旅客登机后，如有下列情况，需要清舱：① 旅客在行李交运后未登上飞机；② 未经过安检的人员和物品进入航空器；③ 旅客登机后公安、安检怀疑存在漏检的情况；④ 联程旅客中途终止旅行或旅客登机后因故终止旅行。

（3）旅客下机后，需要清舱，检查是否有旅客遗留的物品；把毛毯拿起来放在座椅靠背上，枕头放在座椅中间。

七、民航安检工作的法律特征及特点

（一）安检工作的法律特征

安检部门有行政法规的执行权而无处罚权，这就是安检工作的法律特征。安检部门是保障航空安全的带有服务性质的单位，拥有一支有专业技术的职工队伍，执行国家法律以及国务院、民用航空局、公安部为保证航空安全发布的有关行政法规和规章，所以，安检工作带有行政执法的性质。但安检部门属于企业的一个机构，不属于行政机关，不具有行政处罚权，即不具有拘留、罚款、没收的权力。

（二）安检工作的特点

安检工作以中外旅客及其行李物品为主要对象，以防止劫（炸）机为主要目的，以公开的安全技术检查为主要手段，是民航事业中确保飞机和旅客生命财产安全的必要措施，是一项非常重要的工作。安检工作要求在较短时间内完成所有乘机旅客及其行李物品的安全技术检查，而且要确保安全，一旦出现失误，发生劫（炸）机事件，不但后果严重、损失巨大，还将在国际国内造成极恶劣的影响。因此，安检工作具有责任性强、政策性强、时间性强、专业性强以及风险性大等特点。

八、民航安检工作的基本程序

安检人员必须熟悉安检工作的基本程序（图 1-5），明确要求。

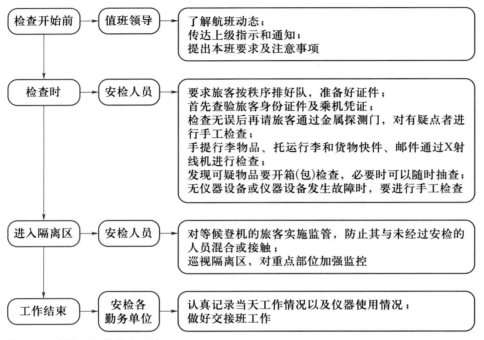

图 1-5　安检工作的基本程序

任务三　安检人员的职业道德规范

任务目标

通过本任务的学习，掌握安检人员职业道德规范的基本要求和基本内容，熟悉安检人员职业道德养成的基本途径。

任务分析

民航安全无小事，确保安全是国家和人民赋予广大民航安检人员的责任。安检人员要增强国家安全意识和素养，坚定不移地贯彻总体国家安全观，将安全意识深深地植入职业素养，把维护国家安全贯穿安检工作全过程，严格遵守职业道德规范，确保国家安全和社会稳定。

任务实施

一、安检人员职业道德规范基本要求

（一）树立风险忧患意识

安检人员必须牢固树立风险忧患意识，坚决克服松懈、麻痹等心理障碍，保持高度警惕的精神状态，将各种安全隐患及时消灭在萌芽状态。

（二）强化安全责任意识

安检的每个岗位都与旅客生命、财产安全密切相关，安检人员必须时刻保持清醒，正确分析形势，明确责任，做到人在岗位、心系安全。

（三）培养文明服务意识

2008年北京奥运会、2014年亚太经济合作组织峰会（APEC峰会）、2022年北京冬奥会，首都国际机场安检人员以主人翁的大方和热情、友善的举止和言行，展示了大国风范和良好的职业形象，让世界人民感受到了中国作为文明礼仪之邦的热情和风度。

安检工作既有检查的严肃性，又有服务的文明性。每一位安检人员执勤时都要做到姿态美、行为美、语言美，规范文明执勤的管理，塑造安检队伍的文明形象。

（四）树立敬业奉献意识

安检职业的特点要求安检人员必须把确保空防安全放在职业道德规范的首位。从安检岗位所处的特殊环境看，安检人员必须树立敬业奉献意识，正确对待三个考验：严峻的空防形势、繁重的工作任务、个人的利益得失。

二、安检人员职业道德规范的基本内容

安检人员职业道德规范，要求把"保证安全第一、改善服务工作、争取飞行正常"落实在安检人员职业行为中，树立敬业、勤业、乐业的道德风尚。

（一）爱岗敬业、忠于职守

爱岗敬业是一种崇高的职业情感，是为人民服务的基本要求。安检人员应当培养高度的职业责任感，以主人翁的姿态对待自己的工作，从认识、情感、信念、意志、习惯上养成"忠于职守"的自觉性。

 **阅读材料**

爱岗敬业的小赵

小赵在安检通道工作。每天早出晚归，勤奋工作，不论分内分外、有无报酬，整条安检通道都被他收拾得干干净净，仪器用过后摆放得整整齐齐。一年后，上级领导提升他为组长。小赵更加努力地工作。他处处留心，了解通道内的每一个角落，掌握安检整体工作的每一个环节，熟悉组里的每一个员工。由于他工作认真负责，管理细致到位，组员团结协作，尽职尽责，在年终评比时，全组以"零失误、零投诉"的业绩获得部门第一。

分析： 小赵将爱岗敬业、忠于职守的职业道德规范融入安检事业，忠实履行岗位职责，认真做好本职工作，以主人翁的姿态对待本职工作，树立责任意识和担当意识，正确对待个人物质利益和劳动报酬等问题。小赵的工作态度和敬业精神也带动了组员在工作中更加尽职尽责、团结协作，最终全组在年终评选中脱颖而出。

（二）钻研业务、提高技能

职业技能也称职业能力，包括实际操作能力、处理业务能力、技术能力及扎实的理论知识等。安检人员钻研业务、提高技能应抓好三大基本功：系统的安检基础理论知识、精湛的业务操作技能、灵活的现场应急处置能力。

 **阅读材料**

钻研业务的小戴

小戴是某中职学校航空运输类专业的毕业生，实习期间她通过初级安检员的考试，成为一名真正的安检人员。她怀着"空防工作理当敬业尽责"的朴实信念，潜心于技术、专心于岗位、安心于一线。为了熟练掌握手工检查的技能，她每天利用业余时间在家人、朋友、同事、自己身上反复练习，双手甚至磨破了皮、长出了血泡。功夫不负有心人，她成了同事们公认的技能能手，被破格提升为安检教员。

分析： 坚持学习、钻研业务、提高技能是安检人员必须具备的职业素养。练就过硬的本领，掌握过硬的技能，"干一行、爱一行、钻一行"，才能脱颖而出。

（三）遵纪守法、严格检查

遵纪守法，指每个职业劳动者都要遵守职业纪律及与职业活动相关的法律、法规。严格检查、确保安全是安检人员的基本职责和行为准则。安检人员要严格遵守外事纪律、保密纪律、安全岗位纪律等。《中华人民共和国民用航空法》《中华人民共和国民用航空安全保卫条例》及中国民用航空局有关空防工作的指令、规定，也为安全技术检查提供了法律依据。

 阅读材料

严格检查的小孙

小孙是一名安检人员，他时刻牢记并遵守在校学习的安检人员职业道德规范，严格检查每一位旅客及行李。

一天，小孙从一位旅客的身上检查出一个昂贵的打火机。这名旅客希望小孙能通融一下，让他带着这个打火机登机，并欲塞给小孙一些小费。小孙明确拒绝了旅客的请求，耐心劝说旅客遵守规定，将打火机寄存移交台妥善保管，等回程时再取回。这类事情在小孙的工作中时有遇到，但他时刻牢记自己的岗位职责，认真严格地进行处理。

因为小孙的出色表现，他连续两年获得公司"最佳员工"称号，这是他用职业道德操守赢得的光辉荣誉。

分析： 小孙严格遵守岗位纪律，坚定不移地履行严格检查、确保安全的基本职责和行为准则，恪守职业道德规范，最终也为自己赢得荣誉。

（四）文明执勤、优质服务

文明执勤、优质服务，是安检人员职业道德规范的重要内容。要做到这点，必须从三个方面入手：端正服务态度、规范化服务、摆正严格检查与文明服务的辩证统一关系。安检人员要用文明执勤的姿态、语言、行为，努力塑造民航安检的文明形象，以赢得社会信赖和支持。

 **阅读材料**

文明执勤的安检人员

一位优秀的安检人员，在实践中总结了接待旅客的服务准则。从言语上要做到"五声"：旅客到来有问候声，遇到旅客有招呼声，得到配合有致谢声，麻烦旅客有致歉声，旅客离开有道别声。禁忌"四语"：不尊重旅客的蔑视语，缺乏耐心的烦躁语，自以为是的否定语，刁难旅客的斗气语。

一次，一名旅客冤枉安检人员进行安检时拿了该旅客的钱包，无论她怎样解释都无济于事，甚至挨了旅客一耳光。但她没有与旅客吵闹，而是请示领导后带旅客去监控室回顾当时的情况。监控录像中显示，是上一位安检完毕的旅客误拿了钱包。她赶忙与登机口联系，追回钱包。失主拿到钱包后匆匆登机，连一声道歉都没留下。这名安检人员却立刻调整自己的情绪，回到工作岗位继续工作。

分析：上述案例中的安检人员面对情绪化的旅客，虽然心里委屈，却没有把个人感情带入工作中，而是冷静地解决问题，这是安检人员文明执勤的基本要求，体现了较高的职业素养。

（五）团结友爱、协作配合

真诚的团结协作应划清以下四个界限。

（1）顾全大局与本位主义。反对本位主义不良倾向，不能遇事只从本位主义利益出发，应站在全局和整体利益上认识、处理问题。

（2）集体主义与小团体主义。集体主义是国家、集体、个人三者利益的统一；小团体主义是不顾国家利益，只求单位小团伙的狭隘利益，甚至牺牲别人的利益来满足自己的利益，是本位主义的延伸、发展。

（3）互相尊重协作与推诿扯皮。尊重协作是团结的基础，是建立在平等信任的关系上；推诿扯皮是典型的个人主义和自由主义的反映，只会分裂团结。

（4）团结奋进与嫉贤妒能。团结奋进不仅是精神状态问题，还是团结的最终目标；而嫉贤妒能却会涣散斗志，是团结的腐蚀剂。

三、安检人员职业道德养成的基本途径

（一）抓好职业理想信念的培养

安检人员良好的职业理想信念和道德境界，是职业道德养成的思想基础。要坚持用马克思主义道德观和中国特色社会主义理论体系武装头脑，树立正确的职业理想和人生信念，立志为空防安全而奋斗。

（二）注重职业道德责任的锻炼

职业道德责任，是从事职业的人对社会、集体和服务对象承担的社会责任和义务。只有建立职业道德责任制，将安检人员职业道德规范责任到岗位、责任到每个员工，贯穿落实到安检工作全过程，形成层层落实的责任机制，才能使高度的职业道德责任在每个员工的心中逐步扎根。

（三）加强职业纪律的培养

职业纪律是职业道德养成的必要手段，要靠强制性手段让人们服从，具有一定的强制约束力。建立一套严明的安检职业纪律约束机制，培养令行禁止的职业纪律，是加强安检人员职业道德养成的重要途径。

（四）强化职业道德行为的修养

每位安检人员都应自觉以职业道德规范约束自己的言行，尤其是在无人监督的情况下，严格约束自己，自觉成为职业道德模范。

 思考与练习

1. 什么是安全技术检查？
2. 安检工作的原则是什么？
3. 安检工作的权限有哪些？
4. 安检人员职业道德规范的基本要求是什么？
5. 安检人员职业道德规范的基本内容是什么？
6. 安检人员如何养成良好的职业道德规范？

项目二
机场运行安保

项目导读

　　安检工作不仅要求安检人员能够对乘坐民用航空器的旅客、行李，以及进入候机隔离区的其他人员及其物品和空运的货物、邮件进行安全检查，还要负责对候机隔离区的人员、物品进行安全监控和对执行飞行任务的民用航空器实施监护。

　　那么，机场控制区如何开展管制监控？民用航空器在地面怎样监护才安全？为了维护机场运行安全，安检部门对于机场的安全管控区域以及进入区域的人、车、物都要采取不同的方式进行检查监控。停放在客机坪上的飞机也是安检部门重点监护的对象，要按规定的时间、程序和方法进行。在机场控制区管制监控过程中发现问题时，要采取正确的处置方法；发现爆炸物时，要采取专业规范的处置程序和方法。

任务一　机场控制区管制监控

任务目标

通过本任务的学习，掌握机场控制区、候机隔离区管制监控的工作任务和工作程序。

任务分析

安检人员应能对进入机场控制区、候机隔离区的所有人员、物品及车辆按照程序进行安检，了解监护情况处置的方法和要求，能用正确的方法对监控中发现的情况进行合理的处置。

任务实施

一、机场控制区范围的划定

（一）机场控制区的定义

机场控制区指根据安全保卫的需要在机场内划定的进出受到限制的区域。机场控制区应当有严密的安全保卫措施，实行封闭式分区管理。从航空器维修区、货物存放区通向其他控制区的道口，应当采取相应的安全控制措施。

（二）机场控制区的划分

机场控制区根据安全保卫需要，划分为候机隔离区、行李分拣装卸区、航空器活动区和维修区、货物存放区等区域，并分别设置安全防护设施和明显标志。另外机场还应当设置受到非法干扰威胁的航空器隔离停放区。

二、机场控制区通行管制

（一）机场控制区通行管制的任务与目的

对进入机场控制区的所有人员、物品及车辆进行安检，防止未经许可的人员、物品及车辆进入。

（二）机场控制区通行管制的内容

（1）乘机旅客及其行李物品须通过安检后，方可进入候机隔离区。

（2）工作人员及其物品进入机场控制区，须佩戴机场控制区通行证件，并经过核对及安检（图 2-1）后，方能进入指定控制区域。

（3）车辆进入机场控制区，应当停车接受道口安检人员对驾驶员、搭乘人员及其携带的控制区通行证件、车辆通行证件和所载物品的安检（图2-2）。车辆通行证件应置于车辆明显位置。

（4）对进入机场控制区的工具、物料和器材应当实施安保控制措施。道口和通道安检人员应当对工作人员进出机场控制区所携带的工具、物料和器材进行检查、核对和登记。工具、物料和器材使用单位应当明确由专人负责在机场控制区内监管该物。

（5）配送航空配餐和机上供应品的车辆进入机场控制区应全程铅封，道口安检人员应检查铅封是否完整。检查无误后方可进入机场控制区。

图 2-1　工作人员安检通道

图 2-2　车辆安检

三、候机隔离区的安全监控

（一）候机隔离区安全监控的任务与目的

候机隔离区指根据安全需要在候机楼（室）内划定的供已经通过安检的在港旅客等待登机的区域及登机通道、摆渡车。

候机隔离区采取封闭式管理，并对候机隔离区内所有人员及物品进行安全管控，防止未经检查的人与已检人员相互混杂或接触，防止外界人员向内传递物品，防止藏匿不法分子和危险物品，保证旅客、工作人员和隔离区的绝对安全。

（二）候机隔离区安全监控的程序

（1）经过安检的旅客进入候机隔离区以前，安检部门应当对候机隔离区内各部位进行清场。

（2）清场完毕后，分工把守隔离区工作人员通道口，检查出入人员。

（3）安检部门应当派工作人员在候机隔离区内巡视，并对隔离区重点部位进行实时监控。

（三）候机隔离区出入口的管控

（1）因工作需要进入候机隔离区的人员，必须佩戴民航公安机关制发的通行证件，并接受安检。

（2）工作人员携带行李物品进入候机隔离区时，必须经过安检，防止未经安检的行李物品进入候机隔离区。

（3）候机隔离区内的商店不得出售可能危害航空安全的商品，商店运进商品应当经过安检。

（4）经过安检的旅客应当在候机隔离区内等待登机，如因航班延误或其他特殊原因离开候机隔离区的，再次进入候机隔离区时应当重新接受安检。

（5）安检人员对工作人员携带进入候机隔离区的工具、物料和器材实施安检，并进行核对和登记。工具、物料和器材使用单位应当明确由专人负责在候机隔离区内监管器材。

（四）候机隔离区的清场

1. 候机隔离区清场的任务

查找候机隔离区有无可疑物品和可疑人员，并确定可疑物品的性质和威胁程度，及时通知有关部门排除危险，保证安全。

2. 候机隔离区清场的方法

（1）仪器清查。

金属探测器清查：主要是利用金属探测器清查候机隔离区内有无隐藏武器等金属性违禁物品。

钟控定时装置探测器清查：利用钟控定时装置探测器清查候机隔离区内有无隐藏定时爆炸装置。

监控设备清查：通过遥控候机隔离区内监控探头，搜索有无可疑人员及可疑物品滞留在候机隔离区内。

（2）人工清查。

看：对被清查的区域、对象进行观察。

听：进入清查区域后，关上门窗，静听有无类似闹钟的"嘀嗒"声或其他异响。

摸：对通过外观看不清的固定物体、设施，用手摸，检查有无隐藏物品。

探：对既无法透视，又不能用仪器检查的部位和物品，可用探针检查。

开：对清查区域内的箱柜、设施要打开、移开检查。如候机室内的各种柜台等要移开检查。

3. 候机隔离区清场的重点部位

候机隔离区清场的重点部位包括卫生间、电话间、吸烟区、各种柜台、垃圾桶、窗台、窗帘、窗帘盒、座椅。

（五）候机隔离区安全监控的注意事项

（1）注意发现形迹可疑及频繁进出候机隔离区的人员。

（2）在旅客候机期间，应加强对候机隔离区重点部位的监控。

（3）当天航班结束后，应对候机隔离区重点部位进行清场，注意发现有无遗留旅客和可疑人员及物品。

四、候机隔离区监护情况处置

（一）工作人员不按规定佩戴证件进入候机隔离区的处置

工作人员进入候机隔离区时，必须佩戴或出示通行证件。否则，监护检查员要予以制止。对冒用他人证件者要通知其所在单位或移交民航公安机关处理。对不服从管理的工作人员要进行批评教育并做好登记，上报领导。对态度蛮横、性质恶劣者，要通报有关部门。

（二）机场工作人员捎带物品进入候机隔离区的处置

严禁利用工作之便将未经安检的物品装上航空器或带入候机隔离区。对违反规定者，监护人员应予以制止；对故意捎带危险物品进入候机隔离区拒不接受监护人员检查的，拒绝其进入；因拒绝检查而影响工作的，责任自负。无理取闹或谩骂、殴打执勤人员的，移交民航公安机关处理。

（三）已经安检的旅客与未经安检人员传递物品的处置

监护检查员发现有未经安检的人员向经过安检进入候机隔离区的旅客传递物品时，应立即控制所传递的物品，并对传递和接受物品的人员进行检查，并报告值班领导。

（四）发现旅客无登机牌或登机牌未加盖安检验讫章的处置

监护检查员查到旅客无登机牌或登机牌未加盖安检验讫章时，应及时查明情况。若属漏办、漏盖，应待其补全后放行；若系有意逃避安检，应立即控制，进行检查后，报告值班领导；若为儿童旅客，因过安检时由大人背着或抱着进入候机隔离区或其他途径进入隔离区，应立即将其控制起来，报告值班领导。

 阅读材料

持未加盖安检验讫章登机牌的旅客被拒绝登机

上午 9 时许，拟乘机到三亚游玩的孙先生等四人在家办理了值机手续后，一身轻松地来到广州白云机场。通过安检后，他们找到了乘坐航班的登机口，因登机时间尚早，他们便玩起了扑克牌。当广播提示航班正在登机时，孙先生才醒悟过来，连忙找登机牌。可是孙先生把衣服口袋都翻找了一遍，竟找不出那张加盖安检验讫章的登机牌。正当大家都为他焦急时，孙先生从行李箱翻出了一张在家办理值机手续时自己打印的登机牌，得意地称自己幸亏有备而来。可是当孙先生递上这张没有加盖安检验讫章的登机牌时，航空公司工作人员和监护检查员却以孙先生并没有通过安检为由拒绝其登机。眼看飞机就要起飞，孙先生心急如焚，他向工作人员解释是因为自己登机牌丢失了，所以使用了这张登机牌。

随后，安检口工作人员调出了孙先生安检时的录像，确认了孙先生已接受并通过安检，并重新为他的登机牌验讫盖章。冒了一头冷汗的孙先生最终在航班关闭舱门前登上了飞机。

分析： 登机时使用的登机牌必须加盖安检验讫章，旅客在通过安检之后应当妥善保管好自己的登机牌，以免误机。随着智能化系统的推广使用，在线上值机后可在手机上生成二维码电子登机牌，可凭二维码直接前往安检通道接受安检。旅客在通过安检后，手机上的二维码电子登机牌也会被加注"安检验讫章"，随后凭带有安检验讫章的电子登机牌即可登机，不再需要纸质登机牌。

（五）擅自闯入客机坪人员的处置

由于我国一些机场的地面安全警戒设施不全，一些外部人员不了解机场控制区安全管理的有关规定，擅自闯入客机坪的现象时有发生。监护检查员一经发现，要及时控制闯入人员并报告值班领导，同时对进场人员进行检查，看有无携带危险品和作案嫌疑；查问其本人基本情况、进入客机坪的经过并做好记录，移交公安机关值班人员做进一步审查处理。

 阅读材料

旅客闯停机坪拦飞机，被行政拘留 5 天

某日上午，有两名旅客因没有关注到值机的通知导致误机。一名旅客带着行李，冲到飞机前，站在飞机下面阻拦飞机出港，欲逼迫机组开舱门让其登机。与此同时，另一名旅客在与安检人员纠缠。

两人的行为导致飞机一度无法进入跑道起飞。根据现场人员的描述，这两名旅客误机后与工作人员发生了冲突，随后撞倒了工作人员强行冲进了登机桥。负责连接航站楼和飞机的登机桥距离地面有一定高度，这两名旅客在舱门关闭、登机桥和飞机分离的情况下，最后如何从登机桥下到地面的尚不得而知。但是机组依据规定，最终决定不开舱门。

事件造成航班比计划时间延误了 20 分钟才起飞。航空公司和机场相关负责人到场劝说无果，最终二人被机场人员控制，交由警方处理。这两名旅客误机系个人原因，警方认为，两名旅客的行为属于"情节较重"的情况，因此根据《中华人民共和国治安管理处罚法》第二十三条的规定，对当事人作出行政拘留 5 日的处罚。

分析：《中华人民共和国治安管理处罚法》第二十三条规定，非法拦截或者强登、扒乘机动车、船舶、航空器以及其他交通工具，影响交通工具正常行驶的，处警告或者 200 元以下罚款；情节较重的，处 5 日以上 10 日以下拘留，可以并处 500 元以下罚款。

作为旅客要仔细看清登机牌上的登机口和登机时间，也要时刻留意机场航班显示屏信息和广播信息。严格遵守相关法律、法规，对于违反上述规定的，公安机关将根据情节严重程度，依照国家有关法律、法规严肃处理。由此造成的其他后果，由旅客自行承担。

作为安检人员在面对突发情况时，要按照规定采取正确的处理方式，必要时请警方协助处理。

（六）对机组携带物品的检查

对机组携带的未经仪器检查而又可用手工检查的物品，监护检查员可视情况经手工检查后放行；对难以用手工检查的物品应要求其通过安检通道检查；对机组携带的电器或较大的超过携带规定的行李物品，应要求其托运，不得带上航空器；对机务部门携带的航材，不便过安检或来不及过安检的，凭航空公司证明信并经安检部门值班领导批准，监护检查员凭证明放行。

（七）发现未办理出境手续的人员的处理

发现未办理出境手续的人员欲乘坐国际航班时，交机场边防检查部门处理。

（八）候机隔离区无人认领物品的处理

候机隔离区内发现无人认领的物品时，应及时报告领导，并对物品进行检查。不属于可疑物品的，逐一登记后，妥善保管；无法确认的，报公安机关进行现场排除。若发现系爆炸物品则不能随意触动，要严加看管，由专业防爆人员处置。

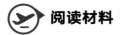 阅读材料

机场发现可疑物品，民警疏散旅客排险

26日晚间广州白云机场口岸人头攒动，验证台前后都挤满了出境的旅客。负责现场警戒的民警突然发现，在候检大厅国际与国内交界处的地板上，赫然放着两个鼓鼓囊囊的黑色行李包。警方随即四处找寻失主，然而无人认领，民警敏感地意识到情况可能不正常。两件可疑物品旁边是一扇玻璃门，玻璃门南侧是国际出境的旅客，北侧是国内出发的旅客，此时两边都是旅客出入的高峰期。可疑的两件物品如果是爆炸物，后果将不堪想象。边检民警一边用隔离带迅速将两个黑色行李包进行隔离，并快速用防爆毯将行李包进行覆盖；一边在候检大厅疏散旅客，防止旅客接近可疑物品……不久，一名男性旅客急匆匆赶来，声称自己丢失了行李。经警方检查核对确无爆炸物后，遂让其将行李带走，警报随即解除。

分析：在日益严峻的空防安全形势下，技能排查工作是一项长期性、持续性工作，对此，安检人员要始终认真对待，尤其是对于爆炸物的排查，要以精湛的业务技能不断减少安检差错，保卫空防安全。

 **充电站**

不断进步的安检技术

为落实民航智慧化建设和高质量发展要求，进一步推动民航安检提质增效，2022 年 4 月，中国民用航空局颁布《民用航空旅客手提行李 X 射线计算机断层成像爆炸物探测安全检查设备鉴定标准》等六项安检设备技术标准，为民航安检水平迈上更高台阶奠定坚实基础。其中 CT（计算机断层扫描）加 AI（人工智能）技术是当前全球安检领域最先进的技术。相较于传统 X 射线设备，手提行李 CT 设备可实现三维立体成像，图像清晰度高、辨识度高、探测定位准确，尤其是可实现对爆炸物类物质的自动探测报警，并能在 AI 技术辅助下不断学习进步，为民航安检查控高危风险物品提供了极其有力的支持。

（九）航班延误、备降后，旅客强行登机的处置

航班延误、备降后，旅客强行登机现象时有发生，这种情况多系旅客对天气、通信、飞行要求等原因不予理解和配合造成的。出现强行登机时，监护检查员要耐心劝阻，讲明有关的安全规定。劝阻无效时，应及时报告值班领导，通知公安机关值班人员及有关部门处理。监护检查员负责监护旅客在机上停留情况，防止无关人员混入旅客中。

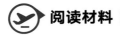 **阅读材料**

航班取消，旅客强行登机被拘留

某航空公司北京飞往哈尔滨的航班原计划 20 时 35 分起飞，但因哈尔滨天气原因航班取消。航空公司为所有旅客安排了住宿，并安排改签次日航班。但有部分旅客不肯离开登机口，要求航空公司"给个说法"。22 时许，女性旅客杨某和男性旅客王某情绪激动，大喊："大家都到飞机上去，今天飞机就肯定会飞！"并尝试推开处于锁闭状态的廊桥门，但因该门需要刷机场员工的控制区通行证而没有被推开。

航空公司工作人员解释该航班确实已经取消，廊桥门已经关闭，旅客不能再登上飞机。但两人不听劝阻，称要用工作人员的证件刷开廊桥门登机，继而动手将挂在该工作人员胸前的控制区通行证扯下，用该证件将廊桥门打开，然后将工作人员的证件扔在地上。打开廊桥门后，杨某和王某二人进入廊桥并登上飞机，但没有关闭廊桥门，致使后面有十余名旅客也跟随登机，工作人员随即报警。

机场公安分局东航站区派出所民警接警后立即赶赴现场，经过民警劝解，机上旅客下机重新回到登机口。民警取证确认由于杨某和王某两人的行为扰乱了机场的正常运营秩序，影响空防安全，已经构成扰乱公共场所秩序罪，根据《中华人民共和国治安管理处罚法》的规定，依法对两人分别处以行政拘留 10 日的处罚。

分析： 当旅客遇到航班延误或取消时，应该通过合法途径来维护自己的权益，强行登机或占据航空器客舱拒不下机属于违法行为。霸机不仅会影响航空公司的正常运营，还会延误飞机的例行检修，进而影响飞行安全。我国法律规定，机场内禁止强行登、占航空器，违反者处警告或者 200 元以下罚款；情节较重的，处 5 日以上 10 日以下拘留，并处 500 元以下罚款。

（十）抢修飞机或执行紧急任务加入机组的人员未经安检的处置

抢修飞机或执行紧急任务加入机组的人员，来不及过安检的情况比较特殊。遇到这种情况，监护检查员要检查其登机手续是否齐备，核对其航班、飞机号、前往地点、姓名等是否属实，对其进行检查，并将情况报告值班领导。

（十一）空勤人员登机证适用范围与所登航空器不符的处置

监护检查员查到空勤人员登机证适用范围与所登航空器不符时，应及时报告值班领导，同时检查登机证是否有效，飞行任务书上有无空勤人员的姓名，核实空勤人员是否为执行本次飞行任务的机组人员。经核查属实的，请示值班领导放行。若非执行任务的空勤人员，禁止其登机。

任务二 民用航空器地面安全监护

任务目标

通过本任务的学习，了解民用航空器监护的含义、范围，掌握民用航空器监护的职责和时间规定，掌握民用航空器重点部位和重点航班的监护。

任务分析

安检人员运用正确的程序、方法监护民用航空器，主要是为了防止民用航空器被非法接触或在机场被放置违禁品或爆炸装置，从而确保民用航空器的安全。安检人员要严格检查登机工作人员的通行证件，维护登机旅客秩序，防止无关人员和车辆进入监护区，做好民用航空器接收和移交等工作，必要时按程序和规定的方法完成清舱检查工作。

任务实施

一、民用航空器监护的基本内容

（一）民用航空器监护的含义

民用航空器监护指安检部门对执行飞行任务的民用航空器在客机坪短暂停留期间进行监护。

（二）民用航空器监护的职责

（1）执行航班飞行任务的民用航空器在客机坪短暂停留期间，由安检部门负责监护。

（2）民用航空器监护检查员应当根据航班动态，按时进入监护岗位，做好对民用航空器监护的准备工作。

（3）民用航空器监护检查员应当坚守岗位，严格检查登机工作人员的通行证件，密切注意周围动态，防止无关人员和车辆进入监护区。

（4）空勤人员登机时，民用航空器监护检查员应当查验其"中国民航空勤登机证"。加入机组执行任务的非空勤人员，应当持有"中国民航公务乘机通行证"（加入机组证明信）和本人工作证（或学员证）。对上述人员携带的物品，应当查验是否已经过安检，未经过安检的物品，不得带上民用航空器。

（5）旅客登机时，监护检查员站在登机门或登机通道旁，维护登机旅客秩序。防止旅客在登机行进期间与外界人员接触或传递有碍航空安全的危险品，要检查旅客登机牌是否加盖安检验讫章，防止送行、无证人员等随旅客行李进入客机坪、接近或登上飞机。

（6）在出、过港民用航空器关闭舱门准备滑行时，监护检查员应当退至安全线以外，记录飞机号和起飞时间后，方可撤离现场。

（7）民用航空器监护检查员接受和移交航空器监护任务时，应当与机务人员办理交接手续，填写记录，双方签字。

（三）民用航空器监护的范围

（1）以民用航空器为中心的周围30 m区域。

（2）通过航空保安审查，且在道口设置安检设备实施检查的机场，经民航局、公安局批准，可实施区域监护。

（四）民用航空器监护的时间规定

（1）对出港航空器的监护，从机务人员移交给监护检查员时起，至旅客登机后航空器滑行时止；对过港航空器的监护，从其到达客机坪时开始，至旅客登机后航空器滑行时止；对执行国际、地区及特殊管理的国内航线飞机任务的进港航空器的监护，从其到达客机坪时开始，至旅客下机完毕机务人员开始工作为止。

（2）对当日首班出港航空器，监护检查员应在起飞时间前90分钟与机务人员办理交接手续。

（3）对执行航班任务延误超过90分钟的航空器由安检部门交由机务人员管理，至确定起飞时间前60分钟由机务人员移交安检部门实施监护。

（五）民用航空器监护的程序方法

1. 准备

（1）了解当天航班动态，通过离港系统向外场、调度等单位及时了解变化情况，注意班次的增减、飞机的更改和起飞时间的变动。

（2）派班员根据航班动态和本中队人员情况，给各个监护小组逐个安排勤务任务，明确指定航班和飞机。

（3）监护小组人员领取对讲机和登记本等用品，整理好着装，做好上岗准备工作。

2. 实施

（1）监护小组在当天首次出港民用航空器起飞前90分钟进入监护位置。

（2）与机务人员办理交接手续后，到达舷梯口、廊桥口及货舱口实施监护。

（3）旅客登机前，对机组人员和地面登机人员的证件与携带行李进行检查（航行包除外）。近机位（有廊桥的）需查验上、下机人员的证件，防止证件不符人员进入航空器；远机位（没有廊桥的）需查验上机人员的证件，防止证件不符人员进入、靠近航空器。

（4）对进出港飞机货舱进行监装、监卸。

（5）旅客登机时，站立于梯口或廊桥口一侧，观察上客情况，禁止无关人员（包括地面工作人员）上飞机，并检查旅客登机牌上是否盖有安检验讫章。

（6）旅客登机完毕，舷梯撤离后，监护检查员退出原监护位置至红色安全线以外。

（7）民用航空器起飞时，记录飞机号和起飞时间，监护检查员撤离。

3. 结束

（1）当次航班监护任务完成后，监护检查员应及时返回中队所在地，汇报监护情况，稍做休整准备下一次的监护工作。

（2）当天航班结束后，监护值班领导清点所有装备，记录当天工作情况（重点情况随时记录）。

（六）民用航空器监护的重点部位

民用航空器监护的重点部位包括舷梯口、廊桥口、货舱、起落架舱。

 阅读材料

男孩藏身飞机起落架，一人摔死一人奇迹生还

某日，川航 8670 次航班抵达重庆后，机场搬运工段某在搬运行李时发现起落架舱内蜷缩着一个男孩，男孩不停地发抖，面色苍白，目光呆滞。段某随即向上级报告。几分钟后，机场派出所民警赶到现场。男孩被扶出起落架舱，迅速送往机场医疗救护中心检查。男孩只有 14 岁，没受伤，只是因为高空缺氧、寒冷和过度惊吓，精神有些受刺激。男孩告诉医生，与他一起上飞机的还有一个同伴，今年 12 岁，两人想坐飞机玩，在昆明机场悄悄爬进了起落架舱。飞机起飞时，同伴没有抓紧，被甩出了飞机。当时男孩吓坏了，牢牢地抓紧起落架杆，一动不动，结果飞到了重庆。

而昆明机场的地勤人员反映，当时他们看到有东西从飞机上落下来，还以为是谁的包裹从飞机上掉下来了，赶过去才发现是一名小男孩，已当场死亡。事发后，昆明机场民警立即赶到现场，但没发现死者身上有证明身份之物，未知死者的真实身份，于是对此事展开调查。

昆明到重庆飞行直线距离为 700 km 左右，飞行高度约为 10 km。据专家介绍，在 6 km 的高度，空气已经非常稀薄，并且，飞机高度每上升 1 km，大气温度随之下降 6℃，在万米高空的起落架舱里生命体被冻死是常见的事。最后，飞机在降落前要打开起落架舱，当起落架放下时，里面的人也很可能掉下来。男孩能活下来真是个奇迹。

分析： 两名小孩是怎么进入机场的呢？昆明机场入口处都有安检人员和工作人员看守，从这里进入不可能。调查者环绕机场时发现，虽然机场周围都有围墙和铁栅栏围着，但所有围墙和栅栏只有 2 m 多高，而且围墙和栅栏外都是厂房和居民区，部分围墙外是垃圾堆和建筑物，人很容易通过这些垃圾堆和建筑物爬上围墙，然后进入机场跑道。并且部分地段的铁栅栏下由于土埂垮塌已出现空隙，通过这类空隙，小孩很容易从栅栏下爬进去。而由于执行飞机监护任务的监护检查员的工作失误，没有及时发现起落架舱有人进入。这反映出对于航空器重点部位的监护存在漏洞。

（七）民用航空器监护的重点航班

（1）我国领导人、外国领导人或代表团及其他重要客人乘坐的航空器。

（2）发现有重大可疑情况的民用航空器。

（3）上级通知重点监护的民用航空器。

二、民用航空器清舱检查的程序和重点部位

民用航空器客、货舱装载前的清舱检查工作一般由航空器经营人负责。必要时，经民航公安机关或安检部门批准，公安民警、安检人员可以进行清舱检查。

（一）民用航空器清舱检查的程序

（1）清舱检查前，由监护小组组长布置任务，明确分工。

（2）清舱检查时，应先对民用航空器外部进行观察和检查，对客舱的清舱检查可分别从机头、机尾同时进行，至中部会合；也可以按从机头到机尾或从机尾到机头的顺序进行。对内部各部位的清舱检查可按先低后高的顺序进行。

（3）清舱检查结束，进入监护位置，直至民用航空器起飞。

（二）民用航空器清舱检查的重点部位

（1）卫生间。

（2）乘务员操作间的每个储存柜、配餐间、垃圾箱。

（3）旅客座位坐垫下和每个客舱的最后一排座椅背后。

（4）行李架。

（5）货舱。

（6）起落架舱。

三、民用航空器的保安搜查

发生以下情况时，机场公安机关和安检部门可对航空器进行保安搜查：

（1）航空器停场期间被非法接触；

（2）有合理理由怀疑该航空器在机场被放置违禁品或爆炸装置；

（3）其他需要进行保安搜查的情形。

任务三　爆炸物的处置

任务目标

通过本任务的学习，掌握处置爆炸物的原则、准备工作和程序。

任务分析

安检人员应牢记处置爆炸物的原则，如遇突发情况，要沉着冷静，坚持原则，按爆炸物处置的相关工作方法和流程上报，尽量减少爆炸破坏的程度。只有经过专业训练的专职排爆人员才可以实施排爆，对于基层安检人员要不断提高自己的排查技能、爆炸物识别能力，同时，也要提高自身的敏感意识，防患于未然。

任务实施

一、处置爆炸物的原则

（1）爆炸物具有较大杀伤力，万一爆炸，将引起严重的后果。因此，在处置爆炸物时（包括可疑爆炸物）要慎重。

（2）要尽可能不让爆炸物在人员密集的候机楼内爆炸，万一爆炸也要尽可能地减少爆炸的破坏程度，要千方百计保障旅客、机场工作人员和排爆人员的安全。

（3）发现爆炸物（包括可疑爆炸物）后，应禁止无关人员触动，只有经过专业训练的专职排爆人员才可以实施排爆。

二、处置爆炸物的准备工作

（一）成立排爆组

如确定对爆炸物进行处置，要成立排爆组，除领导指挥外，要由具有防爆专业知识和经验的专职排爆人员实施。另外，还要组织医护、消防抢救小组，使其处于待命状态。

（二）准备器材

排除爆炸物是一项危险性极高的工作，为保障排爆人员的生命安全，应尽可能利用一切防护器材和排爆工具。防护器材主要有机械手、防爆筐（箱）、防爆毯、防爆衣、防爆头盔等，也可用沙袋将爆炸物围起来。排爆工具主要有钳子、剪子、刀具、竹签、长棍、高速水枪、液态氮等。

（三）清理现场

（1）打开现场的全部门窗，万一爆炸，冲击波能得到充分的释放。

（2）严禁无关人员进入排爆现场。

（3）转移排爆现场附近的仪器等设备。

（4）清除爆炸物周围的铁器硬质物体。

（四）确定排爆地点和转移路线

如果爆炸物是可转移的，要事先确定排爆地点。

（1）排爆地点应选择在远离航空器、建筑物、油库、管道、高压线等的地方，排爆地点应事先筑好排爆掩体等设施。

（2）转移路线应尽量避开人员聚集、重要设施、交通要道等地方；转移时应尽量使用防爆罐，如转移路线较长时，应用防爆车或特别的车辆进行转移。还要规划好勤务警戒转移路线和排爆现场。

（五）疏散无关人员

即使安排最有经验的排爆人员，使用最有效的排爆器材和工具去处置爆炸物，也难以百分之百地保证爆炸物不爆炸。因此，在处置之前应考虑疏散无关人员。

疏散之前要大致判断爆炸物，首先判断真假，以决定是否疏散人员；然后判断威力，以决定在多大程度、多大范围内疏散人员。

（1）不撤离。当某件被怀疑为爆炸物的物品有明显的证据证明是非爆炸物，判断其几乎没有多大杀伤力时，可不疏散旅客和其他人员，只做适当的警戒。

（2）局部撤离。当某件物品被确认为爆炸物，但威力不是很大时，可在一定范围内对旅客和其他人员进行疏散。

（3）全部撤离。当判断爆炸物的威力很大时，要撤离在航空器和建筑物内的全部人员。

三、处置爆炸物的程序

（一）对爆炸物的判断

（1）真假的判断。

（2）威力的判断。

（3）是否有定时装置的判断。

（4）是否有水平装置的判断。

（5）是否有松、压、拉等机械装置的判断。

（6）是否有其他防御装置的判断。

（二）对爆炸物装置进行处置

处置爆炸物的首要条件是查清爆炸物的结构，根据其结构特点和爆炸物所处的位置，灵活运用不同的方法。爆炸物的处置方法有以下三种。

（1）就地销毁法。如确定爆炸物不可移动，采用就地引爆的方法进行销毁。为减少损失，销毁时可将爆炸物用沙袋围起来。

（2）人工失效法。即首先使处于危险状态的引信或触发式爆炸物的引信失去功能，再对整个爆炸物进行拆卸，使引信和弹体（炸药）分开。

（3）转移法。当爆炸物位于候机楼或航空器等主要场所，并装有反拆卸装置且无把握采用人工失效法但能移动时，可将爆炸物转移到安全地方进行处理。

 综合实训

实训任务：模拟安检人员对候机隔离区进行清场、监控，各组选择一个不同于其他组的情境，准备处理过程、对话用语，并在课上展示。

实训要求：情境 1：在旅客经过安检、进入候机隔离区前，安检人员对隔离区进行清场。

情境 2：安检人员发现机场工作人员利用工作之便携带违禁品进入候机隔离区。

情境 3：安检人员发现候机隔离区外的旅客私自向已经过安检进入候机隔离区的旅客传递物品。

情境 4：候机隔离区内的安检人员，发现旅客登机牌未加盖安检验讫章。

实训准备：金属探测器、备查物品。

实训评价：1. 清场：查找可疑物品、人员，确定物品性质、威胁程度，及时通知有关部门。正确使用金属探测器，手工清查到位，重点部位无遗漏。

2. 监控：查明情况，制止违反规定者，控制违规人员及物品，拒绝不接受检查的人员进入候机隔离区，按要求上报。

3. 根据各小组展示情况进行打分，并填入表 2-1 综合实训评分表。综合评价 = 学生评价 × 40% + 教师评价 × 60%

表 2-1　综合实训评分表

评价内容	评价标准	分值	学生评价	教师评价	综合评价
清场	任务明确	10			
	方法正确	10			
	重点部位清查全面	10			
捎带物品处置	监控程序准确	10			
	情况处置到位	10			
	语言得体	10			
私传物品处置	监控程序准确	8			
	情况处置到位	6			
	语言得体	6			
未盖安检验讫章处置	监控程序准确	8			
	情况处置到位	6			
	语言得体	6			
合计		100			

思考与练习

1. 如何对候机隔离区进行清场检查？

2. 哪些是民用航空器监护的重点航班？

3. 候机隔离区清场检查的重点部位有哪些？

4. 如果有机场工作人员利用工作之便携带违禁品进入候机隔离区，应该怎么办？

5. 监护检查员小刘发现一名旅客未经安检人员检查向经过安检进入候机隔离区的旅客传递物品，应该怎么办？

6. 如果监护检查员查到旅客无登机牌或登机牌未加盖安检验讫章时，应该怎么处理？

项目三
证件检查

项目导读

    证件检查是安检工作的第一个环节，也是安检人员必须掌握的技能之一。作为一名验证员，应负责对乘机旅客的有效身份证件、登机牌进行核查，识别涂改、伪造、冒名顶替以及其他无效证件，协助执法部门查控在控人员，并处理好验证工作中遇到的各种问题和突发事件。

任务目标

通过本任务的学习，了解各类乘机有效证件的基本特征，从而能够正确识别旅客乘机有效证件。

任务分析

证件检查工作是安检人员需要掌握的第一项实操技能。验证员需要明确哪些证件可以作为乘机的有效证件，准确把握有效乘机证件的基本特征，辨识证件的真伪。通常，旅客乘机使用证件最多的就是居民身份证，这就要求验证员熟练掌握居民身份证的基本特征，并且在短时间内快速完成信息识别。除了掌握居民身份证的基本特征外，验证员还要根据旅客使用的其他不同证件进行仔细查验，并能够快速识别出无效证件，同时处理好验证检查工作中遇到的各种问题和突发事件。

任务实施

哪些身份证件可以用来购买机票呢？大致可归纳为四大类：居民身份证件、护照类证件、军人类证件和其他有效乘机证件。

一、居民身份证件

居民身份证件指国内大陆地区的居民身份证和临时居民身份证。在我国，年满 16 周岁的中国公民，应当依照法律的规定申请领取居民身份证；未满 16 周岁的中国公民，可以由监护人依照法律的规定代为申请领取居民身份证。公民在申请领取、换领、补领居民身份证期间，急需使用居民身份证的，可以申请领取临时居民身份证。

（一）第一代居民身份证

第一代居民身份证（图 3-1、图 3-2），指中国自 1984 年起为本国公民颁发的身份证明性证件，到 2003 年，中华人民共和国累计制作颁发第一代

图 3-1　第一代居民身份证正面

图 3-2　第一代居民身份证反面

居民身份证 11.4 亿份，实有持证人数达 9.6 亿。由于第一代居民身份证采用印刷和照相翻拍技术塑封而成，比较容易被伪造，所以已于 2013 年 1 月 1 日起停止使用。

（二）第二代居民身份证

自 2004 年 3 月 29 日起，中国内地正式开始为居民换发内置非接触式 IC 卡智能芯片的第二代居民身份证，第二代居民身份证是由多层聚酯材料复合而成的单页卡式证件，表面采用防伪膜和印刷防伪技术。使用个人彩色照片，而且内置数字芯片，采用数字防伪措施，存有个人图像和信息，可以用机器读取，长度为 85.6 mm，宽度为 54 mm，厚度为 0.9 mm。

证件正面印有国徽、证件名称、长城图案、证件的签发机关和有效期限及彩色花纹。证件的图案国徽位于其左上角（红色实底国徽图案），配以"中华人民共和国居民身份证"的名称字样。背景图案的主要标志物为灰色写意万里长城，配远山的背景。底纹为彩虹扭索花纹，颜色从左至右为浅蓝色至浅粉色再至浅蓝色（图3-3）。证件背面印有持证人照片、登记项目、彩色花纹。背面的图案底纹同正面（图 3-4）。

图 3-3　第二代居民身份证正面

少数民族地区证件，在使用汉字的基础上，同时标识一种少数民族文字。

《中华人民共和国居民身份证法》要求，公民申请领取、换领、补领居民身份证，应当登记指纹信息。这样，国家机关以及金融、电信、交通、教育、医疗等单位可以通过机读快速、准确地进行人证同一性认定，有助于维护国家安全和社会稳定，有利于提高工作效率，有效防范冒用他人居民身份证以及伪造、变更居民身份证等违法犯罪行为的发生，并在金融机构清理问题账户、落实存款实名制等方面发挥重要作用。

图 3-4　第二代居民身份证背面

（三）临时居民身份证

临时居民身份证为聚酯薄膜密封的单页卡式证件。证件正面（图 3-5）印有彩虹扭索花纹、写意长城图案、"中华人民共和国临时居民身份证"的名称字样。证件名称分两行排列于证件中间偏上的位置。写意长城图案位于证件名称下方，颜色为褐色。彩虹扭索花纹过渡颜色为浅绿色至浅黄色再至浅绿色。证件背面（图 3-6）印有彩虹横向波浪扭索花纹并登记持证人姓名、性别、民族、出生日期、住址、本人照片、证件的有效期限、签发机关和公民身份号码 9 个项目内容。证件规格为 85.6 mm×54 mm（长×宽），主色调为浅绿色。临时居民身份证的有效期限为三个月，有效期限自签发之日起计算。

图 3-5　临时居民身份证正面

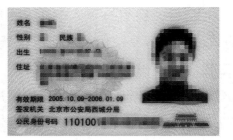
图 3-6　临时居民身份证背面

 阅读材料

居民身份证号码的编排规则

居民身份证号码中的数字具有以下含义：

（1）第 1、2 位数字表示所在省份的代码；

（2）第 3、4 位数字表示所在城市的代码；

（3）第 5、6 位数字表示所在区县的代码；

（4）第 7 ~ 14 位数字表示出生年、月、日；

（5）第 15、16 位数字表示所在地的派出所的代码；

（6）第 17 位数字表示性别，奇数表示男性，偶数表示女性；

（7）第 18 位数字是校检码，也有的说是个人信息码，用来检验身份证的正确性。校检码可以是 0 ~ 9 的数字，有时也用 X 表示。作为尾号的校验码，是由号码编制单位按统一的公式计算出来的，如果某人的尾号是 0 ~ 9 之间的数字，就不会出现 X，但如果尾号是 10，那么就得用 X 来代替，因为如果用 10 做尾号，那么此人的身份证就变成了19 位。X 是罗马数字的 10，用 X 来代替 10，可以保证公民的身份证符合国家标准。

分析：居民身份证号码的数字编排代码规律也是查验证件真伪的核对标准，验证员需要熟练掌握。

二、护照类证件

（一）护照

护照是一个国家的公民出入本国国境和到国外旅行或居留时，由本国颁发的一种证明该公民国籍和身份的合法证件。护照是公民旅行通过各国国际口岸的一种通行证明。各国颁发的护照种类不尽相同。中国的护照主要分为外交护照、公务护照和普通护照，普通护照又分公务普通护照和因私普通护照。

（1）外交护照（图 3-7）主要发给副部长、副省长等以上的中国政府官员，党、政、军等重要代表团正、副团长以及外交官员、领事官员及其随行配偶、未成年子女、外交信使等。

（2）公务护照（图 3-8）主要发给中国各级政府部门的工作人员、中国驻外国的外交代表机关、领事机关和驻联合国组织系统及其有关专门机构的工作人员及其随行配偶、未成年子女等。

外交护照 (电子护照)　　　　外交护照 (旧版)　　　　公务护照 (电子护照)　　　　公务护照 (旧版)

图 3-7　外交护照　　　　　　　　　　　　　图 3-8　公务护照

公务普通护照 (电子护照)　　　公务普通护照 (旧版)　　　图 3-10　因私普通护照

图 3-9　公务普通护照

（3）普通护照

① 公务普通护照（图 3-9）主要发给中国国有企业、事业单位出国从事经济、贸易、文化、体育、卫生、科学技术交流等公务活动的人员、公派留学人员、进修人员、访问学者及公派出国从事劳务的人员等。

② 因私普通护照（图 3-10）发给定居、探亲、访友、继承遗产、自费留学、就业、旅游和其他因私人事务出国和定居国外的中国公民。

（二）内地居民往来港澳通行证

内地居民往来港澳通行证俗称"双程证"，是由中华人民共和国公安部出入境管理局签发给中国内地居民因私往来香港或澳门地区旅游、探亲以及从事商务、培训、就业、留学等非公务活动的旅行证件（图 3-11）。去港澳地区之前，必须取得内地公安部门签发的签注。签注分为探亲签注、商务签注、团队旅游签注、个人旅游签注、其他签注和逗留签注。持证人须在往来港澳通行证和签注有效期内，按照规定的次数和停留时限往来香港或者澳门。

为进一步便利内地居民往来港澳地区，提高往来港澳通行证签注的签发和查验效率，增强证件防伪性能，公安部决定，全国公安机关出入境管理部门自 2014 年 9 月 15 日起全面启用电子往来港澳通行证（图3-12）。电子往来港澳通行证将持证人个人资料及证件、签注签发管理信息存储在内部芯片中，往来港澳签注直接打印在证件背面（可以重复擦写）。电子往来港澳通行证有效期为10年。

图 3-11　往来港澳通行证

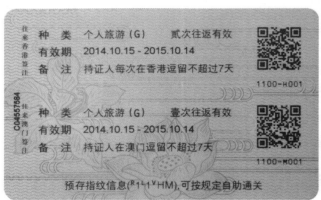

图 3-12　电子往来港澳通行证

图 3-13　往来台湾通行证

（三）大陆居民往来台湾通行证

大陆居民往来台湾通行证，俗称"陆胞证"或"大陆证"，为中华人民共和国公安部发给大陆地区居民前往中国台湾地区的旅行通行证件（图3-13）。自2017年4月24日起，公安部宣布在全国范围内全面启用电子往来台湾通行证，与电子往来港澳通行证一样，内嵌非接触式集成电路芯片，采用多项物理防伪和数字安全技术，有效期为 10 年。入境台湾地区时，和中国台湾地区相关部门发给的"台湾地区入出境许可证"（俗称"入台证"）一并查验。

 **充电站**

我国出入境证件实行"全国通办"

2019 年 4 月 1 日起，中华人民共和国普通护照、往来港澳通行证、往来台湾通行证等出入境证件实行"全国通办"。

实行出入境证件"全国通办"新政后：

（1）与以往异地办证相比，惠及人员更多，取消了地域、人群、证件种类、申办条件的限制，由异地就业、就学等人群扩大到全部内地（大陆）居民，涵盖了内地（大陆）居民异地申办出入境证件的各类需求；

（2）申办手续更加简便，群众异地申办上述证件无须再提交居住证以及就业、就学、亲属关系证明等材料，与户籍地申请手续一致；

（3）"全国通办"进一步拓宽了异地申办赴港澳台团队旅游签注的办理渠道，由原来只能到出入境窗口人工柜台申请，扩展为既可在窗口申办，也可在电子签注机上自助办理，立等可取。

（四）港澳居民来往内地通行证

港澳居民来往内地通行证，俗称"回乡卡"或"回乡证"，是具有中华人民共和国国籍的香港特别行政区及澳门特别行政区居民来往内地所用的证件。从 1979 年 8 月 1 日起，港澳同胞回乡证由中华人民共和国广东省公安厅签发改为 3 年内多次使用有效，方便港澳居民前往大陆，证件大小与一本护照相同。1999 年 1 月 15 日启用卡式证件，通行证有效期分为 3 年和 10 年两种，持证人年满 18 周岁的为 10 年有效，未满 18 周岁的为 3 年有效。

（五）台湾居民来往大陆通行证

台湾居民来往大陆通行证简称"台胞证"，是中华人民共和国政府发给台湾居民来往大陆地区观光、商务、探亲的身份证明书，其样式与作用均类似护照。每次入境所需的类似一般护照上之签证的入境许可，在台胞证上称为"签注"。

（六）外国人居留证、外国人临时居留证和外国人永久居留证

外国人居留证、外国人临时居留证和外国人永久居留证是外国人在中国居留的凭证。在中国停留 30 日以上的外国人，必须自入境之日起 30 日内到居住地市、县公安局办理外国人居留证或者外国人临时居留证，有效期最短为 180 日，最长为 5 年。外国人居留证，发给在中国居留 1 年以上的人员；外国人临时居留证，发给在中国居留不满 1 年的人员。外国人永久居留证是外国人在中国居留期限不受限制的凭证，或者说是获得在中国永久居留资格的外国人在中国境内居留的合法身份证件。

（七）外国人出入境证

在中国境内的外国人因所持护照或者其他国际旅行证件遗失、损毁、被盗抢、失效等，且由于客观原因无法在所属国驻华使领馆补办的，可以申请办理外国人出入境证。

（八）外交官证、领事官证

外交官员到任后按规定向驻在国申请办理的身份证件。

（九）海员证

海员证是由中华人民共和国海事局统一印制并签发的中国海员出入中国国境和在境外使用的有效身份证件，是海员的专用护照。它表明持证人具有中华人民共和国国籍，其职业为船员。

三、军人类证件

（一）军官证

中国人民解放军军官证（图3-14）是由中华人民共和国中央军事委员会发放的现役军官的身份证明。一般都注明了姓名、出生年月、民族、所在部队、职务、军衔级别等内容，上有照片并加盖所属单位公章，可当身份证用，具有法律效力。

图 3-14　军官证

（二）士兵证

士兵证是现役士兵（包括义务兵和士官）身份的证明，由所属部队司令部发放管理。具有法律效力，作用等同身份证，是表明身份的有效证明。

（三）军队文职干部证

中国人民解放军中的文职干部是被任命为初级以上专业技术职务或者办事员级以上职务，不授予军衔的现役军人。军队文职干部证是表明其身份的有效证明。

（四）武警警官证

武警警官证是现役警官身份的证明，由武警部队主管部门发放管理，作用等同身份证。

（五）军队职工证

军队职工指在部队工作的人员，有编制，但不是现役军人也不是预备役。主要从事后勤保障等工作。军队职工证是表明其身份的有效证明。

（六）军校学员证

军校学员证是我国军校中的学员所持有的学生证。军校学员证的使用范围、功能与军官证、士兵证和军队文职干部证是一样的，拥有同等的法律效力，公安机关以及所就读的军校都能证明其军校学员证的真实性，如有特殊必要，可以向所就读的军校开具身份证明。

（七）军队离、退休干部证

军队离、退休干部证是军休干部身份的重要证明，是落实军休干部优待服务的重要凭证。

（八）人民警察证

人民警察证（图 3-15）是人民警察表明身份的有效证明，由中华人民共和国公安部监制。

四、其他有效乘机证件

（1）本届全国人大代表证、全国政协委员证。

（2）出席全国或省、自治区、直辖市的党代会、人代会、政协会，工、青、妇代表会和劳模会的代表，凭所属县、团级（含）以上党政军主管部门出具的临时身份证明。

（3）旅客的居民身份证在户籍所在地以外被盗或丢失的，凭发案、报失地公安机关出具的临时身份证明。

图 3-15　人民警察证

（4）年龄已高的老人（按法定退休年龄掌握），凭接待单位、本人原工作单位或子女、配偶工作单位［必须是县、团级（含）以上工作单位］出具的临时身份证明。

（5）16 周岁以下未成年人凭学生证、户口簿或者户口所在地公安机关出具的身份证明等。

 课堂实训

实训任务：描述各种乘机有效证件的外观特点及内芯填充内容。

实训要求：1. 能准确把握常见有效乘机证件的外观特点，便于今后工作中能准确辨识各种有效乘机证件。

　　　　　　2. 尽可能多地记忆各种有效乘机证件的特点。

实训准备：各种有效乘机证件的样本或图片。

实训记录：如表 3-1 所示。

表 3-1 课堂实训记录表

有效乘机证件名称		
外观特点描述	封套	
	字样	
内芯登记项目		

任务二 证件检查的实施

任务目标

通过本任务的学习，在体验验证员的工作过程中掌握查验证件的程序及方法，并能够处理证件检查中遇到的各种问题。

任务分析

证件检查工作是一项非常重要的工作，看似简单，但在实际工作中验证员经常会遇到一些不遵守乘机规定的人，比如使用过期证件、冒用他人证件、使用伪造证件等情况。还有可能会遇到各种突发事件，如遇到通缉人员，这时需要验证员沉着冷静，不露声色，协助执法部门完成布控。因此，对于验证员来说，首先需要做好上岗前的准备工作，然后检查安检信息系统是否处于正常工作状态，按照验证检查工作的程序做好查验证件工作。通过核对查验旅客及工作人员的身份证件（控制区通行证件）和登机牌，发现和制止使用伪造、无效身份证件、冒名顶替、手续不符的旅客以及公安、安全部门通缉、查控的不法分子乘坐飞机，防止威胁空防安全的事件发生。

任务实施

一、证件检查相关岗位职责

（一）基础岗位职责

（1）维持待检区秩序并通知旅客准备好身份证件和登机牌。

（2）开展调查研究工作。

（二）验证检查岗位职责

（1）对乘机旅客的有效身份证件、客票、登机牌进行核查，识别涂改、伪造、冒名顶替以及其他无效证件。

（2）协助执法部门查控在控人员。

（3）开展调查研究工作。

二、证件检查的程序

证件检查的程序如图 3-16 所示。

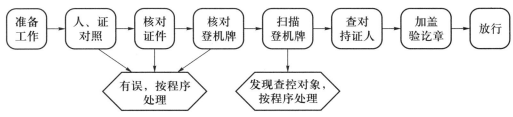

准备工作 → 人、证对照 → 核对证件 → 核对登机牌 → 扫描登机牌 → 查对持证人 → 加盖验讫章 → 放行

有误，按程序处理

发现查控对象，按程序处理

图 3-16　证件检查的程序

（一）证件检查准备工作

（1）验证员应按时到达现场，做好工作前的准备，与上一班组交接以下内容：上级的文件、指示；执勤中遇到的问题及处理结果；设备使用情况；遗留问题及需要注意的事项等。

（2）验证员到达验证岗位后，将安检验讫章放在验证台相应的位置。检查安检信息系统是否处于正常工作状态，并输入 ID 号进入待检状态。安检验讫章实行单独编号、集中管理，落实到各班（组）使用。安检验讫章不得带离工作现场，遇有特殊情况需带离时，必须经安检部门值班领导批准。

（二）人、证对照

验证员拿取旅客证件时，要注意观察持证人的五官特征，查看证件上的照片与持证人五官是否相符。

（三）核对登机牌与证件

（1）检查登机牌的日期、航班号、旅客姓名、座位号、目的地与证件和电子客票信息是否相符。

（2）核对登机牌是否有效，有无涂改痕迹。

（3）查看证件是否有效。

（四）扫描旅客登机牌、查对持证人

自动采集并存储旅客相关信息，同时查对持证人是否为查控对象。

（五）加盖安检验讫章

查验无误后，按规定在登机牌上加盖安检验讫章并放行（图 3-17）。

图 3-17　登机牌加盖安检验讫章

三、证件检查任务实施

（一）基本方法

1. 检查、观察和询问相结合

证件检查采取检查、观察和询问相结合的方法，具体为"第一看、第二对、第三问"。

看：对证件进行检查，要注意甄别证件的真伪，认真查验证件的外观式样、规格、塑封、暗记、照片、印章、颜色、字体、印刷以及编号、有效期限等主要识别特征是否与规定相符，有无变造、伪造的疑点。注意查验证件是否过期失效。

对：观察辨别持证人与证件照片的性别、年龄、相貌特征是否吻合，有无疑点。

问：对有疑点的证件，通过简单询问其姓名、年龄、出生日期、单位、住址等，进一步加以核实。

2. 涂改、伪造、冒名顶替证件的识别。

① 要注意甄别证件的真伪，认真检查证件的外观式样、规格、塑封、印刷和照片等主要识别特征是否与规定相符，有无变造、伪造的疑点。

真证：规格统一，图案暗记齐全清晰；内芯纸质优质、字迹规范、文字与纸张一体；印章边缘线宽窄一致、图案清晰，印章中字体大小一致、均匀规范、印油颜色深入纸张。

假证：规格不一，手感较差，图案模糊不清，暗记不清不全；内芯纸张质地粗糙、笔画粗糙、字迹不清、排列不齐、文字凸现纸上；印章边缘线宽窄不一、图案模糊，印章中字体大小不一、粗细不一，印油颜色不均匀、发散。

② 检查中要注意看证件上的有关项目是否有涂改的痕迹。

③ 检查中还要注意查处冒名顶替的情况，注意观察持证人的外貌特征是否与证件上的照片相符。发现有可疑情况，应对持证人仔细查问，弄清情况。机票采取实名制，只允许持票人本人使用，不得转借他人，更不允许冒用他人证件乘机，冒用他人证件是严重的违法行为。

④ 还可通过专用仪器进行识别，如在紫光灯下，真的居民身份证的印章显示红色荧光，而伪假证件可能无荧光出现。

 **阅读材料**

旅客冒用他人证件被机场安检识破

某日 14 时左右，石家庄机场安检验证员在对乘坐 NS3269（石家庄—昆明）航班两名旅客进行证件检查时，发现两名旅客外貌特征均与所持证件照片差异较大，询问其姓名、证件号码也不能正确回答。于是验证员报告值班班组长后，使用人脸识别仪进行了相似度验证。检查结果显示，两人均冒用他人证件乘机。

分析： 当验证员发现有人冒用他人证件乘机时，应立即向值班领导报告。值班领导接到报告后对旅客做进一步询问调查，然后按照相关规定，安检部门将旅客移交机场公安机关做进一步审查处理。根据民用航空局相关规定，旅客乘机须携带有效身份证件，使用变造、伪造证件或冒用他人证件的均系违法行为。

（二）如何识别第二代居民身份证

（1）核对照片。

（2）看彩虹印刷。居民身份证底纹采用彩虹、精细、微缩印刷方式制作，颜色衔接处相互融合自然过渡，颜色变化部分没有接口，颜色从左至右为浅蓝色到浅粉色再到浅蓝色。

（3）看版面。居民身份证正面以写意的万里长城为背景，国徽图案在正面左上方突出位置，颜色为红色（图3-18）。背面有定向光变色长城图案。自然光条件下，垂直观察看不到图案；和法线（垂直于图案平面的直线）成较大夹角时，正常位置观察，图案反射光颜色为橘红色；当图案绕法线方向顺时针或逆时针旋转30°～50°时，图案反射光颜色为绿色；当旋转70°～90°时，图案反射光颜色为紫色。照片下面有"中国 CHINA"字样，字符串周围有渐变花纹，外观呈椭圆形。底纹中隐含有微缩文字字符串，微缩字符由"居民身份证"汉语拼音首字母"JMSFZ"组成（图3-19）。

图3-18　居民身份证正面

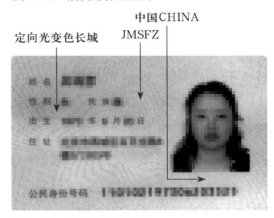

图3-19　居民身份证背面

（4）看分配顺序码。看18位编码的倒数第2位，男性的为奇数，女性的为偶数。

（5）看尺寸。第二代居民身份证的尺寸是国际信用卡标准尺寸。

 课堂实训

按本任务所教授的方法观察研究自己的身份证，完成表3-2。

表3-2　观察身份证记录表

序号	项目	描述要点
1	核对照片	
2	看彩虹印刷	
3	看版面	
4	看分配顺序码	
5	看尺寸	

（6）仪器识别。通过专用阅读机具读取存储在证件芯片内的机读信息（图3-20），自动判别其真伪。若读取的信息是合法写入的，则专用阅读机具显示所读取的信息；若读取的信息是非法写入或被窜改过的，则专用阅读机具只显示信息有误的提示。

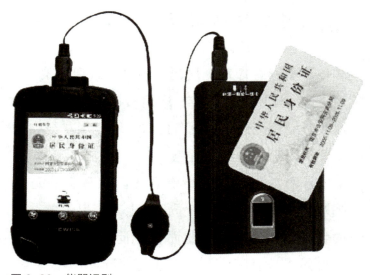

图 3-20　仪器识别

（三）识别机场工作人员使用的证件

1. 机场控制区通行证件

机场控制区是根据安全保卫需要而设定的候机隔离区、行李分拣装卸区、航空器活动区和维修区、货物存放区等区域。乘机旅客安检后，凭盖好安检验讫章的登机牌可进入候机隔离区；机场工作人员持机场控制区通行证件可进入自己相应的工作区域，工作范围不同，允许进入的区域不同（机场控制区通行证件的种类和适用范围，详见表3-3）。机场控制区通行证件一般分为人员证件和车辆通行证件。人员证件分为全民航统一制作的人员证件、各机场制作的人员证件以及其他通行证件。

表 3-3　机场控制区通行证件种类及适用范围

分类		证件名称	适用范围
人员证件	全民航统一制作的人员证件	空勤登机证	适用于全国各民用机场控制区（含军民合用机场的民用部分），登机时，只允许登本航空公司的飞机，注有"民航"二字的适用于各航空公司的飞机
		航空安全员执照	
		公务乘机通行证	只限在证件"前往地栏"内填写的机场适用
		特别工作证	可免检进入全国各民用机场控制区、候机隔离区或登机检查工作（不代表机票乘机）
	各机场制作的人员证件	民航工作人员通行证	允许通行和到达的区域一般分为候机隔离区（有的分国际和国内两部分）、客机坪、联检厅、客机等
		联检单位人员通行证	此证适用于对外开放的有国际航班的机场，一般只限于与持证人工作相关的区域
		外部人员通行证	分为"专用"和"临时"两种
		专机工作证	一般为一次性有效证件
		包机工作证	可进入包机工作相关的区域
	其他通行证件	押运证	适用于有押运任务的单位和工作人员
		军事运输通行证	适用于与军事运输相关的区域
		侦察证	适用于相关区域
车辆通行证件	专用车辆通行证		车辆通行证由民航公安机关根据其任务确定使用区域
	其他车辆通行证		

根据民用航空主管部门及机场有关文件，全国各机场使用的控制区证件代码有所不同，主要用以下几种方式表示不同的区域。

第一种：用英文字母（A、B、C、D……）表示允许持证人通过（到达）的区域；

第二种：用阿拉伯数字（1、2、3、4……）表示允许持证人通过（到达）的区域；

第三种：用中文直接描述允许持证人通过（到达）的区域（如机场控制区、候机隔离区、客机坪等）。

2. 机场控制区通行证件检查的一般方法

（1）看证件外观式样、规格、塑封、印刷、照片是否与规定相符，是否有效。

（2）检查持证人与证件照片是否一致，确定是否是持证人本人。

（3）看持证人到达的区域是否与证件限定的范围相符。

（4）经查验后符合的放行，不符合的拒绝进入。如有可疑，可向证件所注的使用单位或持证人本人核问情况。

（5）对机组人员需查验空勤登机证，做到人证对应。对加入机组的人员应查验其公务乘机通行证、有效身份证件或工作证件。

（6）查验持一次性证件的人员进入控制区相关区域时，验证员应查验其所持一次性证件的通行区域权限和日期，具体办法按各机场有关规定执行。

四、查验旅客电子客票、登机牌以及证件时的注意事项

（1）检查中要注意看证件上的有关项目是否有涂改的痕迹。

（2）注意检查冒名顶替的情况，注意观察持证人的外貌特征是否与证件上的照片相符。发现有可疑情况时，应对持证人仔细查问。

（3）查验证件时要注意方法，做到自然大方、态度和蔼、语言得体，以免引起旅客反感。

（4）注意观察旅客穿戴有无异常，如旅客有戴墨镜、戴围巾、戴口罩、戴帽子等有伪装嫌疑的穿着时，应让其摘下，以便于准确核对。

（5）应注意工作秩序，集中精力，防止漏验证件或漏盖安检验讫章。

（6）验证中要注意发现通缉、查控对象。

（7）验证中发现疑点时，要慎重处理，及时报告。

（8）根据检查情况掌握验放速度，控制旅客流量。

五、验证岗位的执勤文明用语

（1）您好，请出示您的身份证件（或相关证件）和登机牌。

（2）谢谢，请拿好您的票证往里走。

（3）您好，您的证件与要求不符，我需要请示，请稍等。

（4）谢谢，请往里走。

六、验证工作中的问题处理

（一）证件过期的处理

因为制证、换证有一定的时限，第二代居民身份证过期 6 个月内，验证员可予以放行，但需通知旅客及时更换新的证件。临时居民身份证过期 15 天以内经值班领导批准可以放行。

遇有外籍旅客护照过期正在办理时，可核对护照复印件、护照回执单据放行，单据分白色、浅黄色两种，在护照领取之日内有效。

其他证件过期的，凭民航机场公安机关出具的一次性临时乘机证明，在有效期内予以放行。

军人类证件（军官证、武警警官证、士兵证、军校学员证等）必须在有效期限内使用，过期无效。

 **阅读材料**

冒用他人证件乘机的旅客被行政拘留

2021 年 9 月 21 日，首都国际机场验证员在国内安检现场执行验证任务时，遇到一名欲乘坐出港航班的旅客使用民航公安机关开具的临时乘机证明过检。与信息系统核对后，验证员发现该旅客身份证号码与订票信息不一致。经与航空公司核实，该旅客为法院限制高消费人员。随后，安检部门将该旅客移交机场公安机关，机场公安机关对该名旅客处以行政拘留 7 天的处罚，并罚款人民币 500 元。

分析： 根据中国民用航空局相关规定，在乘坐民用航空班机时，须携带好本人有效乘机身份证件，切忌使用变造、伪造、涂改证件乘机或冒用他人证件乘机，以上行为均属于违法行为。

（二）发现查控对象时的处理

查控工作是一项政策性强的工作，是通过公开的检查形式，发现、查缉、控制恐怖分子、预谋劫机分子、刑事犯罪和经济犯罪分子、走私贩毒分子和其他犯罪分子的一种手段。

验证员应熟记在控人员名单和主要特征。检查中发现查控对象时，应根据不同查控要求，采取不同的处理方法。发现通缉的犯罪嫌疑人时，要沉着冷静、不露声色，待其进入安检区后，按预定方案处置，同时报告值班领导，尽快与布控单位取得联系。将嫌疑人移交布控单位时，要做好登记，填写移交清单并双方签字。对同名同姓的旅客在没有十分把握的情况下移交公安机关处理。

盐城机场协助公安机关抓获犯罪嫌疑人

某日，盐城机场安检站工作人员协助警方，成功抓捕一名在逃通缉犯。当日 15 时左右，当旅客门某进入国内安检通道接受证件检查时，验证员发现其与公安机关协查通报的犯罪嫌疑人照片相似，再次核对其资料后，确认该旅客就是被通缉的犯罪嫌疑人。为避免打草惊蛇，验证员以暗语通知其他安检人员，并利用其接受人身检查和行李箱（包）检查的间隙，迅速将情况汇报当日值班领导。待其经过严格的安全检查后，安检人员果断采取手段将其控制在安检通道内，并移交机场公安机关进行处理。

分析：协助执法部门查控在控人员是验证检查岗位的职责之一。发现查控对象时，安检人员要沉着冷静，互相配合，按预定方案处置，并及时上报领导和布控单位。

 综合实训

实训任务：按照验证程序在 2 分钟之内完成居民身份证件、登机牌的查验工作。

实训要求：1. 能够识别涂改、伪造、冒名顶替以及其他无效证件。

2. 认真观看其他同学进行验证工作，并完成评价表（表 3-4）。

实训准备：1. 请几名学生佩戴眼镜、帽子等，对容貌做掩饰。

2. 有效的身份证件、有涂改的身份证件和伪造的身份证件。

3. 信息正确的登机牌和信息与身份证件不符的登机牌。

实训评价：1. 在 2 分钟内没有完成验证检查工作的，成绩不合格。

2. 综合评价 = 学生评价 ×40%+ 教师评价 ×60%。

表 3-4　综合实训评分表

评价内容	评价标准	分值	学生评价	教师评价	综合评价
仪容仪表	着装规范，举止大方	10			
执勤用语	正确使用文明用语	20			
查验过程	认真对照人、证	20			
	核对证件与登机牌项目齐全	30			
	按程序扫描登机牌、加盖验讫章	20			
合计		100			

思考与练习

1. 在证件检查岗位上执行任务时，发现一名男性青年旅客证件上的资料与布控犯罪嫌疑人完全一样，应该如何处理？

2. 在证件检查岗位上执行任务时，发现一名外籍旅客持一张公安机关出入境管理处签发的有效期内的遗失护照证明，证明上项目齐全有效，应该如何处理？

3. 一名旅客因为航班延误离开了候机隔离区，重新接受安检时才发现登机牌在他的同行人那里，而其他随行人员均在候机隔离区内，此旅客随身只有身份证，应如何处理？

4. 当遇有旅客无身份证件时，怎么办？

5. 证件检查中，遇有旅客使用过期证件时该如何处理？

项目四
物品检查

项目导读

  根据《中华人民共和国民用航空法》《中华人民共和国民用航空安全保卫条例》的规定，中国民用航空局向社会公布了《民航旅客禁止随身携带和托运物品目录》和《民航旅客限制随身携带或托运物品目录》。在安检工作中会经常遇到非法携带管制刀具、爆炸物等违禁物品，隐匿携带危险品、违禁品或在托运货物时伪报品名、弄虚作假、夹带危险物品的行为，安检人员要严格检查禁止旅客随身携带或者托运的物品，以确保飞机和旅客的生命财产安全。

任务目标

通过本任务的学习，掌握禁止旅客随身携带或者托运的物品。

任务分析

为了保障民用航空器和旅客生命财产安全，民用航空局规定不能在民用航空器载运国家规定的禁运物品。安检人员应能准确判断哪些物品属于禁止旅客随身携带或者托运的物品。如果发现运输行李中装有严禁旅客随身携带或者托运的物品时，安检人员是可以拒绝收运或终止运输的。

任务实施

一、枪支、军用或警用械具类（含主要零部件）

（一）军用枪、公务用枪

如手枪（图 4-1）、步枪、冲锋枪（图 4-2）、机枪、防暴枪（图 4-3）。

图 4-1　手枪

图 4-2　冲锋枪

图 4-3　防暴枪

（二）民用枪

如气枪（图 4-4）、猎枪、运动枪（图 4-5）、麻醉注射枪（图 4-6）、发令枪。

图 4-4　气枪

图 4-5　运动枪

图 4-6　麻醉注射枪

（三）其他枪支

包括样品枪、道具枪等。

（四）军械、警械

如警棍（图4-7）、军用或警用匕首（图4-8）、刺刀。

图 4-7　警棍　　　　　　　　　　　　　　　　　　图 4-8　警用匕首

（五）国家禁止的枪支、械具

如钢珠枪、催泪枪、电击枪、电击器、防卫器。

（六）仿真品

上述物品的仿真品。

 充电站

仿真枪认定标准

2008 年，为切实加强对仿真枪的管理，公安部发布了《仿真枪认定标准》。根据此标准，凡符合以下条件之一的，可以认定为仿真枪。

1. 符合《中华人民共和国枪支管理法》规定的枪支构成要件，所发射金属弹丸或其他物质的枪口比动能小于 1.8 J/cm^2（不含本数）、大于 0.16 J/cm^2（不含本数）的。

2. 具备枪支外形特征，并且具有与制式枪支材质和功能相似的枪管、枪机、机匣或者击发等机构之一的。

3. 外形、颜色与制式枪支相同或者近似，并且外形长度尺寸介于相应制式枪支全枪长度尺寸的 1/2 与 1 倍之间的。

国内制造的制式枪支指已经完成定型实验，并且经过军队或国家有关主管部门批准投入装备、使用（含外贸出口）的各类枪支。国外制造的制式枪支指制造商已经完成定型实验，并且装备、使用或投入市场销售的各类枪支。

全枪长指从枪管口部至枪托或枪击框（适用于无枪托的枪支）底部的长度。

二、爆炸物品类

（一）弹药

如炸弹、手榴弹、照明弹、燃烧弹、烟幕弹、信号弹、催泪弹、毒气弹和子弹（铅弹、空包弹、教练弹）。

（二）爆破器材

如炸药、雷管、引信、起爆管、导火索、导爆索、爆破剂。

（三）烟火制品

如礼花弹、烟花、爆竹、烟饼、黄烟。

（四）其他

上述物品的仿真品。

三、管制刀具

为切实加强管制刀具治安管理，公安部制定了《管制刀具认定标准》，对管制刀具各组成部分的规格进行了说明，具体规定如下。

（一）刀具各组成部分术语说明（图4-9）

（1）刀柄。指刀上被用来握持的部分。

（2）刀格（挡手）。指刀上用来隔离刀柄与刀身的部分。

（3）刀身。指刀上用来完成切、削、刺等功能的部分。

（4）血槽。指刀身上的专用刻槽。

（5）刀尖角度。指刀刃与刀背（或另一侧刀刃）上距离刀尖顶点 10 mm 的点与刀尖顶点形成的角度。

（6）刀刃（刃口）。指刀身上用来切、削、砍的一边，一般情况下刃口厚度小于 0.5 mm。

（7）刀尖倒角。指刀尖部所具有的圆弧度（图4-10）。

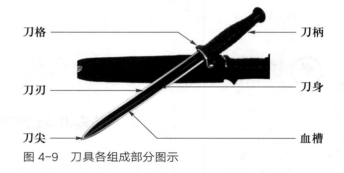

图4-9　刀具各组成部分图示

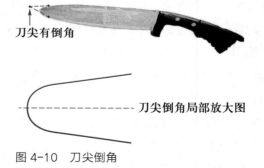

图4-10　刀尖倒角

（二）凡符合下列标准之一的可认定为管制刀具

（1）匕首（图4-11）。带有刀柄、刀格和血槽，刀尖角度小于60°的单刃、双刃或多刃尖刀。

（2）三棱刮刀（图4-12）。具有三个刀刃的机械加工用刀具。

（3）带有自锁装置的弹簧刀（跳刀）（图4-13）。刀身展开或弹出后，可被刀柄内的弹簧或卡锁固定自锁的折叠刀具。

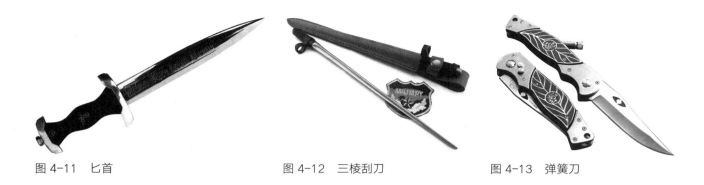

图 4-11　匕首　　　　　　　　　　图 4-12　三棱刮刀　　　　　　　　图 4-13　弹簧刀

（4）其他相类似的单刃、双刃、三棱尖刀。刀尖角度小于 60°，刀身长度超过 150 mm 的各类单刃、双刃和多刃刀具（图 4-14）。

（5）其他刀尖角度大于 60°，刀身长度超过 220 mm 的单刃、双刃和多刃刀具（图 4-15）。

图 4-14　刀尖 < 60°、刀身 > 150 mm 的刀具　　　　　　图 4-15　刀尖 > 60°、刀身 > 220 mm 的刀具

（三）未开刀刃且刀尖倒角半径大于 2.5 mm 的各类武术、工艺、礼品等刀具不属管制刀具范畴

（四）少数民族使用的藏刀、腰刀、靴刀、马刀等刀具的管制范围认定标准，由少数民族自治区（自治州、自治县）人民政府机关参照本标准制定

四、易燃、易爆物品

（1）压缩气体和液化气体，如氢气、甲烷、乙烷、丁烷、天然气、乙烯、丙烯、乙炔（溶于介质的）、一氧化碳、液化石油气、氟利昂、氧气、二氧化碳、水煤气、打火机燃料及打火机用液化气体。

（2）自燃物品，如黄磷、白磷、硝化纤维（含胶片）、油纸及其制品。

（3）遇湿易燃物品，如金属钾、钠、锂、碳化钙（电石）、镁铝粉。

（4）易燃液体，如汽油、煤油、柴油、苯、乙醇、丙酮、乙醚、油漆、稀料、松香油及含易燃溶剂制品。

（5）易燃固体，如红磷、闪光粉、固体酒精、赛璐珞、发泡剂。

（6）氧化剂和有机过氧化物，如高锰酸钾、氯酸钾、过氧化钠、过氧化钾、过氧化铅、过氧乙酸、过氧化氢（双氧水）。

五、剧毒物品

如氰化物、砒霜（三氧化二砷）、剧毒农药等剧毒化学品。

六、腐蚀性物品

如硫酸、盐酸、硝酸、氢氧化钠、氢氧化钾、汞（水银）。

七、放射性物品

如放射性同位素等放射性物品。

八、危害飞行安全的物品

如可能干扰飞机上各种仪表正常工作的强磁化物、有强烈刺激性气味或者容易引起旅客恐慌情绪的物品，以及不能判明性质可能具有危险性的物品。

九、其他

国家法律法规规定的其他禁止携带、运输的物品。

 阅读材料

人 在 囧 途

看过电影《人在囧途》的人一定记得这样一个情节：牛耿第一次坐飞机带了一大桶牛奶，在安检口被告知液体不能带上飞机，于是便一口气把那桶牛奶喝了个精光。近日在广州白云机场也上演了一出真人版"人在囧途"：一位女士因携带榴梿登机在安检口被拦下，因实在不舍得那个大榴梿，于是在通道外面将 5 kg 的榴梿吃了个精光，使得整个安检区充满了榴梿的气味。

分析：《公共航空运输旅客服务管理规定》第三十六条规定：旅客的托运行李、非托运行李不得违反国家禁止运输或者限制运输的相关规定。在收运行李时或者运输过程中，发现行李中装有不得作为行李运输的任何物品，承运人应当拒绝收运或者随时终止运输，并通知旅客。由于飞机客舱是密封的，榴梿等带有异味的物品散发出来的气味会给其他旅客造成不适，因此不能带上飞机，和榴梿的气味类似的波罗蜜也不能带上飞机。

任务二　限制运输的物品

任务目标

通过本任务的学习，了解哪些物品是被限制运输的。

任务分析

旅客携带的某些行李物品，有可能危害机上人员和飞行安全或超出承运人的运输规定（如超过重量限制或超过体积限制），但这些限制物品如采取一些必要措施或在特定的情况下，经承运人允许，是可以承运的。例如，按照承运人运输规定，旅客在乘坐飞机时，严禁在随身物品或托运行李内夹带枪支弹药。但是，有关部门特别批准运动用的小型武器、弹药，经承运人同意是可以作为托运行李运输的，一般不得超过 5 kg。

任务实施

一、禁止旅客随身携带但可以作为行李托运的物品

可以用于危害航空安全的菜刀、大剪刀、大水果刀、剃刀等日用刀具，手术刀、屠宰刀、雕刻刀等专业刀具，武术文艺表演用的刀、矛、剑、戟等，以及斧、凿、锤、锥、加重或有尖钉的手杖、高尔夫球杆、登山杖和其他可用来危害航空安全的锐器、钝器。

二、乘机旅客随身携带液态、火种、锂电池等物品的规定

（一）乘机旅客随身携带液态物品的规定

为维护旅客生命财产安全，2008 年 3 月 14 日，中国民用航空总局（现为中国民用航空局）发布《关于禁止旅客随身携带液态物品乘坐国内航班的公告》，相关措施如下：

（1）乘坐国内航班的旅客一律禁止随身携带液态物品，但可办理交运，其包装应符合民航运输有关规定。

（2）旅客携带少量旅行自用的化妆品，每种化妆品限带一件，其容器容积不得超过 100 mL，并应置于独立袋内，接受开瓶检查。

（3）来自境外需在中国境内机场转乘国内航班的旅客，其携带入境的免税液态物品应置于完好无损且封口的透明塑料袋内，并需出示购物凭证，经安全检查确认无疑后方可携带。

（4）有婴儿随行的旅客，购票时可向航空公司申请，由航空公司在机上免费提供液态乳制品；糖尿病患者或其他患者携带必需的液态药品，经安全检查确认无疑后，交由机组保管。

（5）乘坐国际、地区航班的旅客，其携带的液态物品执行有关规定如下：

乘坐从中国境内机场始发的国际、地区航班的旅客（包括香港、台湾、澳门），其随身携带的液态物品每件容积不得超过 100 mL。盛放液态物品的容器，应置于最大容积不超过 1 L 的可重新封口的透明塑料袋中。每名旅客每次仅允许携带一个透明塑料袋，超出部分应交运。

盛装液态物品的透明塑料袋应单独接受安全检查。

需在国外、境外机场转机的由中国境内机场始发的国际、地区航班旅客，在候机楼免税店或机上购买的液态物品，应保留购物凭证以备查验。所购物品应盛放在封口的透明塑料袋中，且不得自行拆封。国外、境外机场对携带免税液态物品有特殊规定的，从其规定。

来自境外需在中国境内机场转乘国际、地区航班的旅客，携带液态物品，适用以上规定。其携带入境的免税液态物品应盛放在完好无损、封口的透明塑料袋中，并须出示购物凭证。

（6）旅客因违反上述规定造成误机等后果的，责任自负。

2008 年 12 月 20 日，中国民用航空局发出公告，对以上关于液态物品的规定再次调整，调整内容包括：

乘坐国内航班的旅客可以随身携带单件容器容积不超过 100 mL、总量不超过 1 L 的液态物品乘机。

糖尿病或其他疾病患者需携带乘机旅行中必需的液态药品时，必须出示有本人名字的医院证明或医生处方。

婴儿随行的旅客所携带的液态乳制品经过安全检查确认后，准许携带乘机。

公告中还明确规定，所有旅客携带的液态物品不包括民航法规明令禁止的易燃、易爆物品。酒类均不可随身携带，但可办理托运。酒精度 24 度以下（含 24 度）的酒类物品，其交运数量不受限制；酒精度在 24 度（不含 24 度）至 70 度（含 70 度）的酒类物品，交运量不能超过 5 L；酒精度在 70 度以上（不含 70 度）的则不得办理交运。酒类物品的包装必须符合民航运输的有关规定。

（二）乘机旅客随身携带火种物品的规定

2008 年 4 月 7 日，中国民用航空局发布《关于禁止旅客随身携带打火机、火柴乘坐民航飞机的公告》。公告中规定，从即日起禁止旅客随身携带打火机、火柴乘坐民航飞机。

2008 年 12 月 20 日，中国民用航空局也对以上公告进行调整。调整后，旅客严禁在托运行李中夹带打火机和火柴，但可随身携带一只打火机或一盒火柴乘机。在经过安检时，旅客应主动将打火机、火柴交给安检人员进行检查。

2015 年 8 月 14 日，为维护民航运输秩序，保护旅客生命财产和航空器安全，民用航空局再次发布公告，重申旅客乘机禁止以下行为：

禁止旅客随身携带打火机、火柴乘坐民航飞机；禁止旅客将打火机、火柴放置在手提行李中运输；禁止旅客将打火机、火柴放置在托运行李中运输。

民用航空局提醒旅客在办理乘机手续时，严格遵守以上规定。对于违反上述规定的，民航公安机关将根据情节严重程度，依照国家有关法律、法规严肃处理。由此造成的其他后果，由旅客自行承担。

 **阅读材料**

大兴机场查获旅客随身携带的烟花制品

2022 年 1 月 6 日 9 时 31 分，安检人员在大兴国际机场国内安检现场执行开机任务，对一名旅客的随身行李 X 光机呈像进行判读时，发现一组图像疑似烟火制品的呈像，安检人员凭借精湛的技能和不排除疑点不放过的原则，立即通知开包员对此呈像物品进行开包检查。经检查确认，从该名旅客随身行李内查获烟花 10 支，后移交航站区派出所民警处理，民警将烟花收缴，对该旅客身份信息核实无误后批评教育放行。

分析： 烟火制品（礼花弹、烟花、爆竹等）属于禁止旅客随身携带或者托运的物品。春节临近，会有网络商家称"钢丝棉烟花"并非烟花，但根据《民航旅客禁止随身携带和托运物品目录》有关规定，能够造成人身严重伤害或者危及航空器安全的爆炸或燃烧装置（物质）或者可能被误认为是此类装置（物质）的物品，包括烟火制品，禁止随身携带和托运。安检人员在工作中要秉持着不排除疑点不放过的原则，发现易燃、易爆、腐蚀、有毒、放射性物品、危险溶液等，一律不准带上飞机，故意藏匿者将根据情节严重程度予以治安处罚。乘机旅客随身携带火种物品的情况应依据民用航空局规定进行处理，品种及数量都应符合规定。

（三）乘机旅客随身携带锂电池的规定

根据国际民航组织《危险物品安全航空运输技术细则》和中国民用航空局《民用航空危险品运输管理规定》，中国民用航空局对旅客和机组人员携带锂电池乘机做出规定，并几次调整。

（1）不得在托运行李中夹带锂电池，如在托运的行李中发现有锂电池，航空部门将拒绝托运，退还给旅客。

（2）可以携带为个人自用的内含锂或锂离子电池芯或电池的便携式电子装置（手表、计算器、照相机、手机、手提电脑、便携式摄像机等）。并且锂金属电池的锂含量不得超过 2 g，锂离子电池的额定能量值不得超过 100 Wh（瓦特小时）。超过 100 Wh 但不超过 160 Wh 的，经航空公司批准后可以装在交运行李或手提行李中的设备上。超过 160 Wh 的锂电池严禁携带。便携式电子装置的备用电池必须单个做好保护以防短路（放入原零售包装或以其他方式将电极绝缘，如在暴露的电极上贴胶带，或将每个电池放入单独的塑料袋或保护盒当中），并且仅能在手提行李中携带。经航空公司批准的 100～160 Wh 的备用锂电池只能携带两个。

（3）在多次下发的文件明确旅客携带锂电池乘机的限制后，民用航空局再次发出《关于民航旅客携带"充电宝"乘机规定的公告》。其中明确，每名旅客不得携带超过两个充电宝乘机。额定能量超过 100 Wh 但不超过 160 Wh 的充电宝，旅客经航空公司批准后方可携带。严禁携带额定能量超过 160 Wh 的充电宝。同时，民用航空局还严禁旅客携带未标明额定能量同时也未能通过标注的其他参数计算得出额定能量的充电宝。在飞行过程中，旅客不能使用充电宝给电子设备充电。有启动开关的充电宝，则需要在飞行过程中始终处于关闭状态。

 **阅读材料**

锂电池自燃

事件一：某日，一架从北京飞往成都的航班，在起飞后大约 40 分钟时，突发旅客手机电池自燃起火事件。当时该航班满载 158 人，机上正在供应午餐。幸运的是，事故没有造成人员伤亡，也没有给飞机造成损失。

事件二：某日，一架从北京飞往上海的航班在飞行途中突发电池自燃事件。有旅客描述称，机上一位旅客行李中的摄像机电池自燃，火苗有一二十厘米高，焦煳味越来越浓。所幸机组人员正确处置，并对机舱旅客进行安抚和道歉。

事件三：某日，一架由广州飞往上海虹桥机场的航班在登机过程中，一名已登机旅客随身携带的行李在行李架内冒烟并出现明火，机组人员配合消防和公安部门及时进行处置，未造成进一步损失。涉事旅客被警方带走调查。经初步了解，系旅客所携带充电宝冒烟并着火，事发时充电宝未在使用状态。

分析：锂电池在高空环境下遇热后容易自燃，目前常用的液态灭火器也束手无策，只能起到隔离火势的作用，等到电池将自身能量全都烧完，火才能熄灭。尤其是当大量锂电池堆积在一起时，所造成的火势将压过一切灭火设备。因此民航人是谈"锂"色变。

任务三　航空货物运输基础

任务目标

通过本任务的学习，掌握航空货物运输的分类、限制运输的货物和危险品运输等知识。

任务分析

航空货物运输指航空承运人按照运输合同要求，将货物由一地运抵另一地的过程，是现代物流中的重要组成部分。航空货物运输安全、快捷，是国际贸易中贵重物品、鲜活货物和精密仪器等不可或缺的运输方式，在降低商品生产和经营成本、提高产品质量、保护生态环境、加速商品周转等方面发挥重要作用。近年来，航空运输的方式日趋普遍，航空货运量越来越大，航空运输地位日益提高。面对各类不同的货物，运输中不仅要根据托运人的要求完成货物运输，还要遵循承运人和民用航空局的相关规定，因此安检人员需要熟练掌握航空货物运输的基础知识和操作技能。

任务实施

一、航空货物运输的分类

航空货运按形式大致可以分为普通货物运输、急件运输、特种货物运输、包机运输和快递运输。

（一）普通货物运输

普通货物指托运人没有特殊要求，承运人和民用航空局没有特殊规定的货物。这类货物按一般运输程序处理，运价为基本价格。

（二）急件运输

急件指必须在 24 小时之内发出，收件人急于得到的货物。急件货物运输费率是普通货物的 1.5 倍，航空公司要优先安排舱位运输。

（三）特种货物运输

特种货物指危险物品、活体动物、易腐物品、灵柩等。

（四）包机运输

包机指包机人和承运人签订包机合同，机上吨位由包机人利用。包机运输可以解决空运旺季航班紧张、舱位不足的问题，节省时间和多次发货的手续，弥补没有直达航班的不足，减少货损、货差或丢失的现象，解决海鲜、活体动物的运输问题。

包机的最大载重和运输货物要符合飞行安全条件和民用航空局的有关规定。包机的运费按里程计算，并按每一飞行千米费用的80%收取空放费。因此，大批量货物使用包机时，均要争取来回程都有货载，这样费用比较低。只使用单程，运费比较高。

（五）快递运输

由承运人组织专门人员负责以最早的航班和最快的方式把快递件送交收货人的货运方式。快递的承运人可以是航空公司、航空货运代理公司或专门的快递公司。

二、航空限制运输的货物

（1）精密仪器、电器等类物品。

（2）体育运动器械，包括体育运动枪支和弹药。

（3）机要文件、外交信袋。

（4）小动物、导盲犬和助听犬。

（5）旅客旅行途中使用的折叠轮椅或电动轮椅。

（6）管制刀具以外的利器、钝器。

（7）干冰、乙醇类饮料，旅客旅行途中所需的烟具、药品、化妆品等。

 阅读材料

"想坐飞机"的鹦鹉和青蛙被拦下了

2021年4月9日，南宁吴圩国际机场国内出发29号安检通道，人身检查员在对一名旅客进行人身检查时，发现旅客右侧腰部有一块凸起、柔软的不明物品，人身检查员凭借职业的敏感性，对旅客再次进行安保询问，并请旅客将腰部物品取出检查。经检查发现，旅客腰部的不明物品为一只用丝袜包裹着的鹦鹉（图4-16）。该旅客解释说这只鹦鹉是在南宁游玩时购买的，自己家中有一个同品种鹦鹉，想带这只回去跟它做伴，所以就想着将鹦鹉用丝袜包裹好藏在腰部，但最终还是被细心的人身检查员查出，并移交机场公安机关处理。

刚"解救"了鹦鹉，又出现一只"想坐飞机"的青蛙。中午12：30，一名小朋友在通过南宁吴圩国际机场国内出发11号安检通道时，小心翼翼地提着一个透明的盒子，盒子里装有一只像塑料玩具的绿色小青蛙（图4-17）。安检人员发现后，亲切地向小朋友询问盒中青蛙

图4-16 用丝袜包裹着的鹦鹉

的具体情况。原来，该小朋友携带的是在花鸟市场购买的活体宠物青蛙，根据民用航空局相关规定，旅客严禁携带活体动物登机。安检人员亲切地向其解释活体动物乘机相关规定。通过耐心的解释，该小朋友决定放弃将青蛙带上飞机。

图 4-17　透明盒子装着的青蛙

分析： 小动物属于民航限制运输的物品，旅客不能随身携带进入客舱（导盲犬、助听犬等工作犬，经航空公司特许，可以放在客舱内运输），但是可以作为行李托运或者作为货物运输。航空公司为保证宠物的安全，必须将宠物放置在航班的有氧舱，一般航空公司对每架航班携带小动物的数量都有限制，所以旅客携带小动物必须在订座或购票时提出，经航空公司同意后方可托运。小动物运输不能办理声明价值。航空公司一般要求旅客在办理宠物托运时，提供县级以上卫生检疫部门出具的动物检疫证明（有效的健康证明及疫苗注射证明）。需要注意的是，检疫证明有效期最长为 7 天，所以一定要在确定了航班时间后提前几天去办理。如乘坐国际航班还必须具备中国和运输过程中有关国家运输小动物出入境或过境所需的有效证件。

小动物必须装在适合其特性的坚固容器内。该容器应当能防止小动物破坏、逃逸和伸出容器外损害旅客、行李或者货物，并能防止粪便渗溢，以免污染航空器设备和其他物品。小动物及其容器的重量按逾重行李费的标准单独收费。经航空公司同意携带的导盲犬、助听犬、救助犬等工作犬可以免费运输，不计算在免费行李额内。

三、危险品运输

2016 年 4 月 13 日中国民用航空局发布《民用航空危险品运输管理规定》，自 2016 年 5 月 14 日起施行。

航空运输中的危险品，指具有爆炸性、燃烧性、腐蚀性、放射性等的物质以及在航空运输过程中可明显地危害旅客人身安全、健康或对财产造成损害的物质或物品。为了保证运输安全，如有涉及危险品运输，危险品包装上应该贴挂危险性标签（表 4-1）和操作标签（表 4-2）。

表 4-1　危险性标签

序号	标签名称	标签图示	对应的危险货物类项号
1	爆炸品	爆炸品 1	1.1 1.2 1.3

序号	标签名称	标签图示	对应的危险货物类项号
2	爆炸品	 1.4 爆炸品 1	1.4
3	爆炸品	 1.5 爆炸品 1	1.5
4	爆炸品	 1.6 爆炸品 1	1.6
5	易燃气体	 易燃气体 2	2.1
6	非易燃、无毒气体	 不燃气体 2	2.2
7	有毒气体	 有毒气体 2	2.3

序号	标签名称	标签图示	对应的危险货物类项号
8	易燃液体	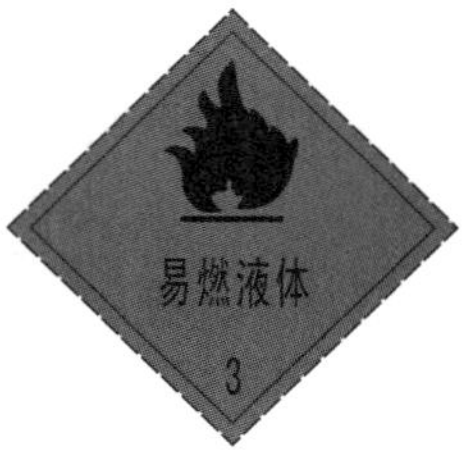	3
9	易燃固体	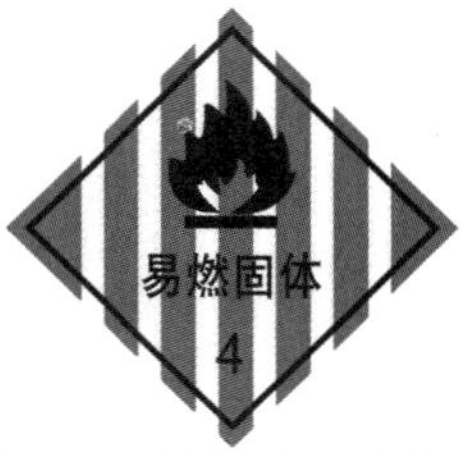	4.1
10	自燃物品	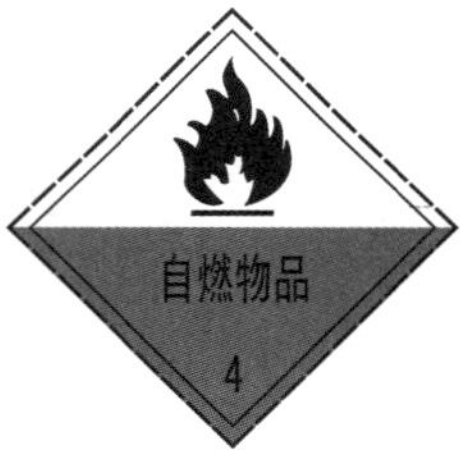	4.2
11	遇湿易燃物品	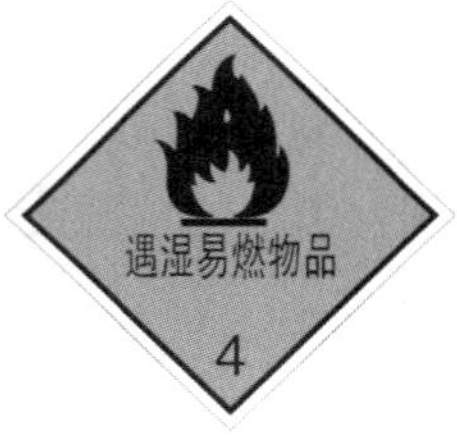	4.3
12	氧化剂	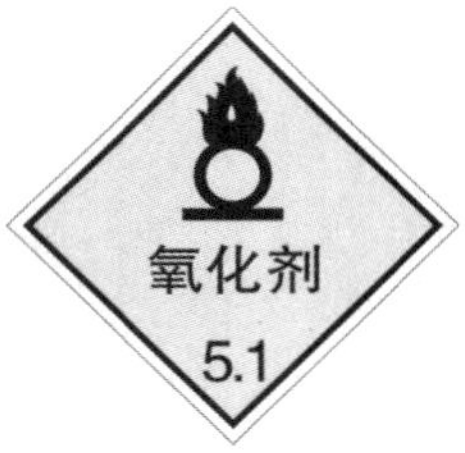	5.1
13	有机过氧化物	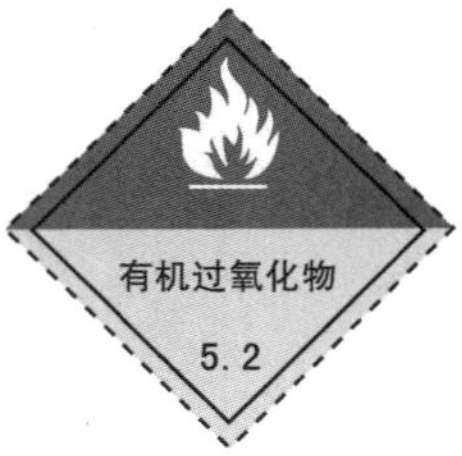	5.2

序号	标签名称	标签图示	对应的危险 货物类项号
14	毒性物质		6.1
15	传染性物质		6.2
16	一级放射性物品		7
17	二级放射性物品		7
18	三级放射性物品		7
19	裂变性物质 （临界安全指数标签）		7

序号	标签名称	标签图示	对应的危险货物类项号
20	腐蚀性物品	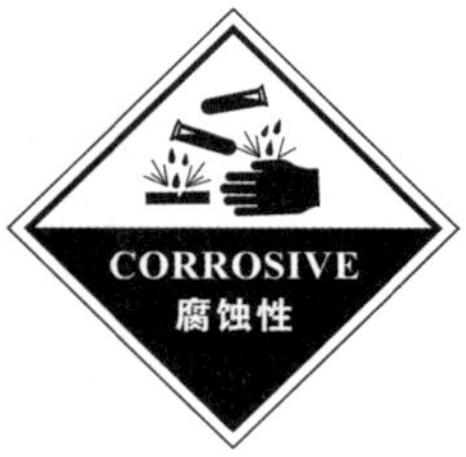	8
21	杂项危险品	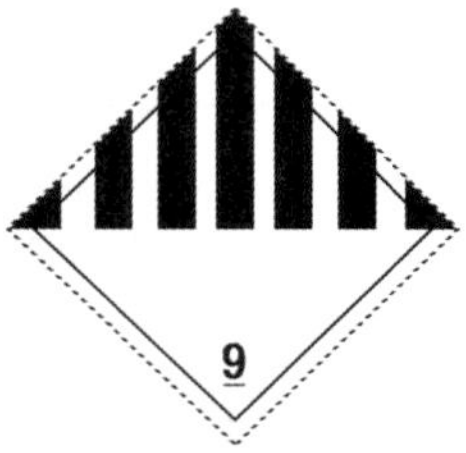	9

表 4-2　操作标签

序号	图示	标签名称
1	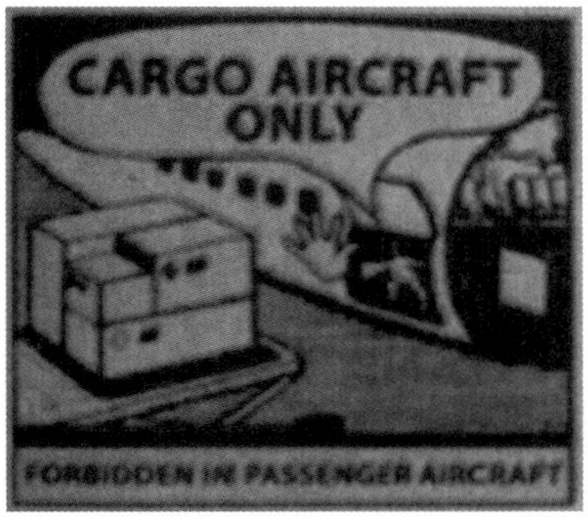	仅限货机标签
2	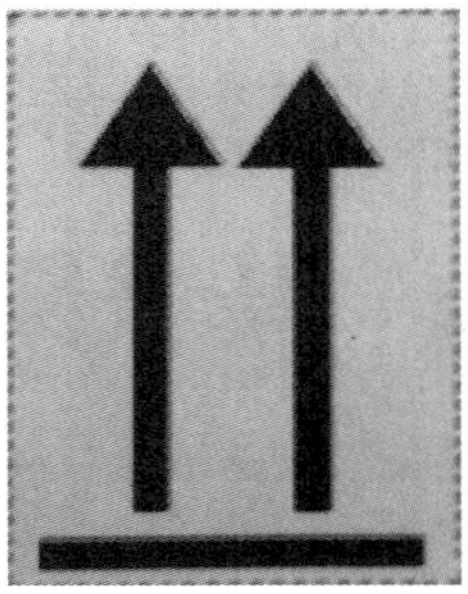	向上标签

序号	图示	标签名称
3	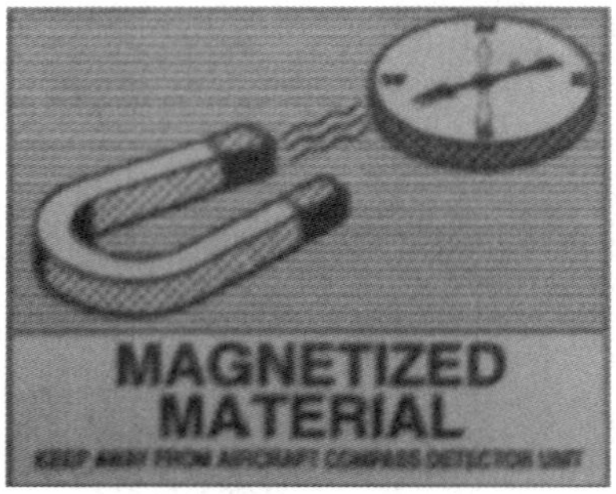	磁性材料标签
4	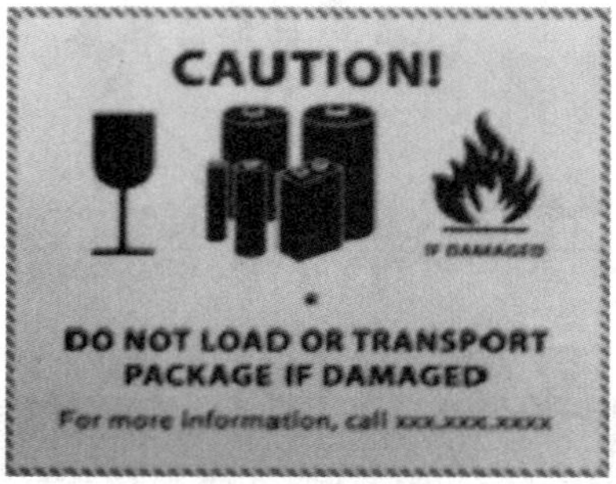	锂电池标签
5		远离热源标签
6	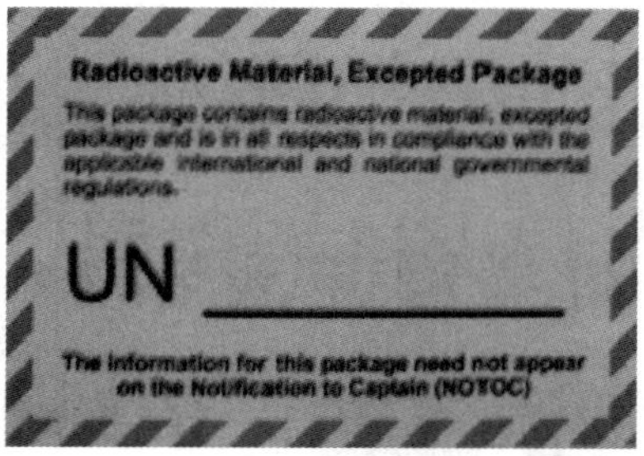	放射性物质例外 数量包装件标签

序号	图示	标签名称
7		非放射性物质例外 数量包装件标签
8	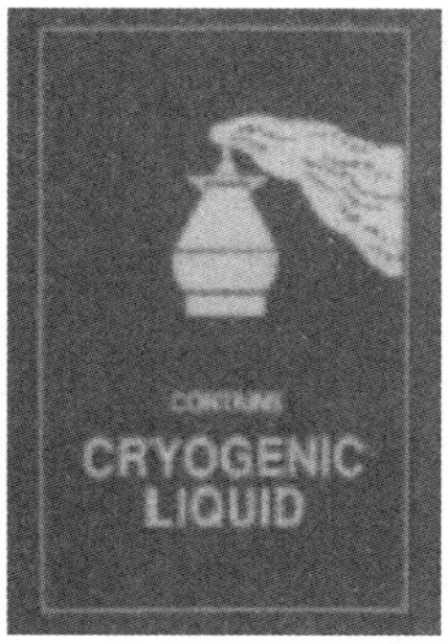	低温液体标签
9	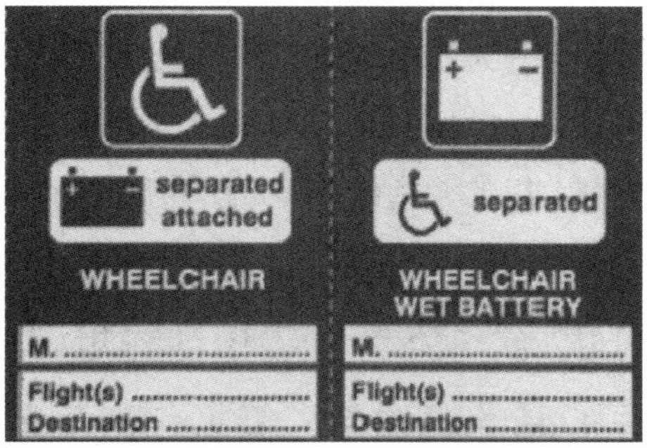	电动轮椅标签

（一）常见易燃易爆气体的种类和性状

易燃易爆气体一般指压缩在耐压瓶罐中的压缩和液化气体，在受热、撞击等作用时容易引起爆炸。常见的易燃易爆气体有氢气、氧气、丁烷气、氯气等。

氢气：无色无味易燃气体，液态氢可做火箭、航天飞机燃料。

氧气：无色无味助燃气体，常见为小型医用氧气瓶、潜水用氧气瓶。

丁烷气：无色极易燃气体，常用作充气打火机燃料。

氯气：黄绿色剧毒气体，有强烈刺激性气味，危险性极大。

（二）常见易燃液体的种类和性状

易燃液体是常温下容易燃烧的液态物品，一般具有易挥发性、易燃性和毒性。易燃液体一般经过摇动后，会产生气泡，气泡消失越快越易燃。常见的易燃液体有汽油、煤油、柴油、苯、乙醇、油漆、稀料、松香油等。

（三）常见易燃固体的种类和性状

易燃固体分为自燃固体、遇水燃烧固体和其他易燃固体。

自燃固体：常见的有黄磷（又称白磷），常用水封存；浸油处理而成的油纸；微黄色或无色有弹性的带状或卷状软片的硝化纤维胶片。

遇水燃烧固体：常见的有金属钾、钠，银色的有光泽的极活泼轻金属，通常储存于脱水煤油中；碳化钙，俗称电石或臭煤石。

其他易燃固体：常见的有硫黄，是黄色结晶状；固体乙醇，是在乙醇中加入凝固剂而成；赛璐珞，用于制造乒乓球、钢笔杆等；闪光粉，也称金葱粉，常用于圣诞工艺品、化妆品、饰品、玻璃工艺、金葱笔、皮革、布艺印花、鞋材、服饰、建材装饰等领域。

（四）毒害品的种类和性状

毒害品主要包括氰化物、剧毒农药等剧毒物品。如氢氰酸，是无色液体，极易挥发，散发出带苦杏仁气味的剧毒蒸汽。

（五）腐蚀品的种类和性状

常见的腐蚀品主要有：硫酸，无色无味黏稠的酸性油状液体；盐酸，无色至微黄色液体，属酸性腐蚀品；硝酸，俗称硝镪水，有独特的窒息性气味，属酸性腐蚀品；氢溴酸，无色或浅黄色液体，微发烟，属酸性腐蚀品；氢碘酸，有强腐蚀作用，其蒸汽或烟雾对眼睛、皮肤、黏膜和呼吸道有强烈的刺激作用；高氯酸，又名过氯酸，助燃，具强腐蚀性、强刺激性，可致人体灼伤；有液蓄电池用 22% ~ 28% 的稀硫酸作电解质；氢氧化钠，俗称烧碱，是无色至白色固体或液体，是常见的碱性腐蚀品；氢氧化钾，白色晶体，不燃，具强腐蚀性、强刺激性，可致人体灼伤。

 综合实训

实训任务： 检查物品是否符合民航相关规定。

实训要求： 根据民航相关规定判断物品是否符合乘机要求。

实训准备： 安检中常见旅客随身携带物品的图片。

实训评价： 教师展示图片，学生以小组为单位，根据图片判断是否符合乘机要求，并说出依据。最终评选出答对最多的小组。

思考与练习

1. 禁止旅客随身携带或托运的物品有哪些？
2. 对于旅客携带锂电池的要求是什么？
3. 航空货运分为几类？
4. 航空运输中的危险品是指什么？

项目五

人身检查

项目导读

　　人身检查是安全检查工作的重要环节，是安检人员必须熟练掌握的一项检查技能。人身检查指采用公开的仪器和手工相结合的方式，对旅客人身进行安全检查，其目的是发现旅客身上藏匿的危险品、违禁品及限制物品，保障民用航空器及其所载人员的生命、财产安全。

任务一 人身检查的设备

任务目标

通过本任务的学习，了解人身检查设备的性能和使用方法。

任务分析

人身检查除了采用手工检查的方式外，还需要借助相应的仪器进行检查。人身检查岗位的工作人员需要掌握人身检查设备的基本性能和使用方法，会调适金属探测门和手持金属探测器，能够熟练运用人身检查设备对旅客进行人身检查。

任务实施

一、金属探测门

（一）工作原理和性能

金属探测门，又称安全门，其工作原理是设备发生的一连串脉冲信号产生的一个时变磁场，该磁场对探测区中的导体产生涡电流，涡电流产生的次级磁场在接受线圈中产生电压，并通过处理电路辨别是否报警。

金属探测门具有独特的性能，符合主要安全标准和客户安全标准。它是通过感应寄生电流及均化磁场的数字信号处理方式而获得很高的分辨率。但其发射磁场厚度很低，对心脏起搏器佩戴者、体弱者、孕妇、磁性媒质和其他电子装置无害。

（二）安装和调试

金属探测门在首次安装或改变位置后，都必须进行调试和测试。如果连续使用（从未关闭过），应至少每天测试一次。在接通电源后，对旅客检查前，都应进行调试。调试程序如图 5-1 所示。

（三）报警功能

根据人体工程学结构，将金属探测门划分为 6 个探测区位。当人通过金属探测门（图 5-2）时，若身上携带金属物品，相对应的区域会有红色 LED 报警指示，同时金属探测门发出报警的声音。

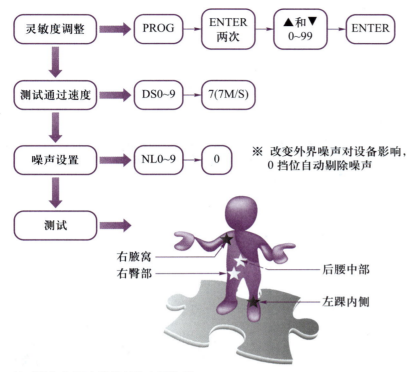

注：测试时，不应携带其他金属物品

图5-1　金属探测门调试程序

1. 视觉警报

按通过金属比例给出条形警报，无论光线和环境如何，在5 m外可清晰看到。绿色为低于界限值，红色为高于界限值。

2. 声音警报

可调节持续时间、音调、音量。在距离门体1 m远、1.65 m高的地方测量，至少可以从80 dBA调节到90 dBA。

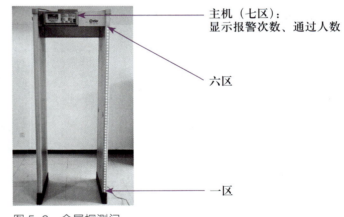

图5-2　金属探测门

 课堂实训

请一名学生分别在身体右腋窝、后腰中部、左踝内侧放置金属物品通过金属探测门，请其他学生观察金属探测门，可看到人体携带金属物品的相应的金属探测门区域会有灯光指示，并发出报警声音。

二、手持金属探测器（以 PD140 为例）（图 5-3）

（一）工作原理和性能

正常时手持金属探测器产生频率磁场，灵敏度调至频率哑点（中心频率）。当探测器接近金属物品时，磁场受干扰发生变化，频率漂移，灵敏度变化，发出报警信号；当探测器离开金属物品时，灵敏度恢复恒定频率，此时小喇叭无声响（哑点）。

低电量报警指示灯
电源指示灯
振动报警挡位
电源开关
敏感探测区
声光报警挡位
喇叭
电池盒
可视报警指示灯
灵敏性调节按钮

图 5-3　PD140 手持金属探测器

用探测器感应区域靠近探测区进行扫描，固定截取金属物的信号，也就是说在探测区内的金属物体的报警信号始终保持激活状态，该特点有助于目标物体的准确定位。探测器不使用连续超过 180 秒，设备将自动切断。

电池
电池槽
后盖
充电时，探测器要关闭。
充电器开关ON。完全充电需16小时

图 5-4　安装

（二）安装和调试（图 5-4、图 5-5）

手持金属探测器属于小型电子仪器，使用时应轻拿轻放，以免损坏仪器。应由专人保管，注意防潮、防热。清洁时应使用微湿柔软的布擦拭。

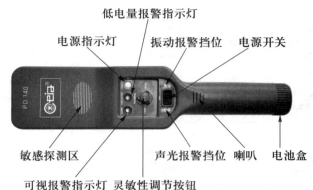

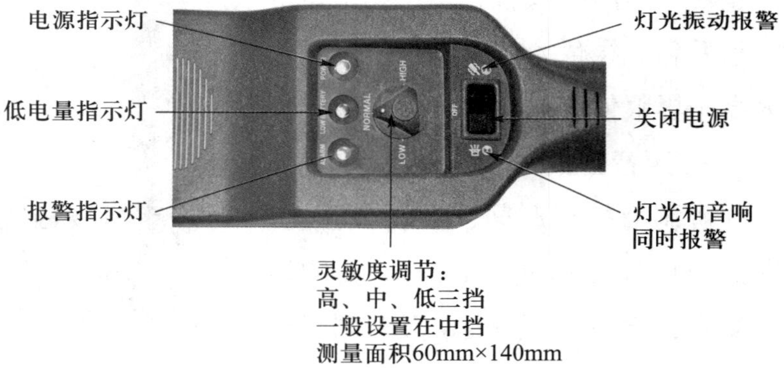

电源指示灯
低电量指示灯
报警指示灯
灯光振动报警
关闭电源
灯光和音响
同时报警
灵敏度调节：
高、中、低三挡
一般设置在中挡
测量面积60mm×140mm

图 5-5　调试

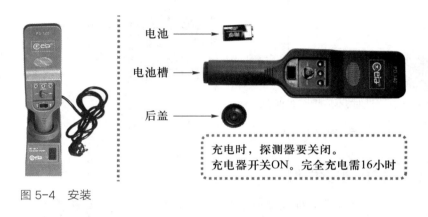

实训任务： 充电、调试手持金属探测器。

实训要求： 独立完成充电、调试。

实训准备： 仔细观察手持金属探测器各部位。

实训评价： 综合评价 = 学生评价 ×40%+ 教师评价 ×60%（表 5-1）。

表 5-1　课堂实训评分表

评价标准	分值	学生评价	教师评价	综合评价
轻拿轻放	20			
充电方法正确	30			
调试过程熟练	30			
清洁擦拭	20			
合计	100			

任务二　人身检查的实施

任务目标

通过本任务的学习，体验人身检查工作，掌握人身检查的程序及方法，能准确识别并根据有关规定正确处理违禁物品。

任务分析

人身检查工作是安检工作中非常重要的环节。引导员和手检员是人身检查岗位中的两个重要工作岗位。本任务重点介绍这两个岗位的职责和工作要点。

任务实施

一、人身检查岗位职责

人身检查岗位包括引导和安全门人身检查两个工作岗位（图5-6）。

引导岗位的工作人员一般称为引导员，其工作职责是引导旅客有序通过金属探测门，检查旅客放入托盘中的物品。

安全门人身检查岗位的工作人员一般称为手检员，其工作职责是对旅客进行仪器或手工检查，准确识别并根据有关规定正确处理违禁物品。

图5-6　人身检查岗位

二、人身检查程序

人身检查的程序如图5-7所示。

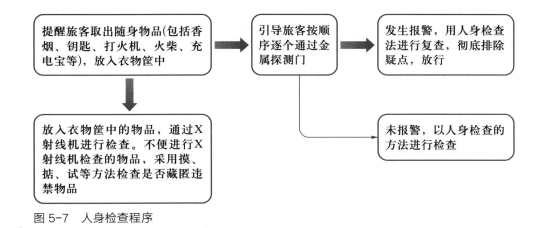

图 5-7 人身检查程序

三、人身检查任务实施

（一）引导员检查任务实施

所有乘机旅客都必须通过金属探测门检查（符合规定的免检者除外）。

1. 要点

（1）引导员将衣物筐放于金属探测门一侧的工作台上。

（2）引导员站立于金属探测门一侧，面对旅客进入通道的方向，当有旅客进入检查通道时，引导员提示旅客将随身行李有序地放置于X射线机传送带上，同时请旅客将随身物品取出放入衣物筐内，若旅客穿着较厚重的外套，应请其将外套脱下，一并放入衣物筐过机检查。

（3）引导员观察手检区手检员工作情况，引导待检旅客有序通过金属探测门，合理控制过检速度，保证人身检查通道的畅通。

（4）对于易碎、贵重物品或其他特殊物品，应及时提醒开机员小心注意。

（5）对不宜经过X射线机检查的物品，从金属探测门一侧交给手检员，通知开包员检查。

（6）对怀孕的、佩戴心脏起搏器的、残疾或重病坐轮椅的等不宜通过金属探测门检查的旅客，引导员应提醒手检员进行手工人身检查。

2. 引导员的岗位文明用语

（1）请把您的行李依次放在传送带上，请往里走。

（2）请取出您的随身物品放在衣物筐内。

（3）请将您身上的香烟、钥匙、打火机等物品放入衣物筐内。

（4）请稍等。

（5）请通过。

实训任务： 分角色扮演旅客和引导员，模拟引导员岗位工作任务。

实训要求： 引导旅客通过金属探测门，检查旅客放入托盘（衣物筐）中的物品。

实训准备： 备查物品、托盘（衣物筐）。

实训评价： 综合评价＝学生评价×40%＋教师评价×60%（表5-2）。

表5-2　课堂实训评分表

评价标准	分值	学生评价	教师评价	综合评价
着装规范举止大方	10			
正确使用执勤用语	10			
引导旅客有序通过安全门	20			
认真检查旅客放入托盘（衣物筐）中的物品	30			
引导操作规范	20			
轻拿轻放旅客物品	10			
合计	100			

（二）人身检查任务实施

当金属探测门发生报警时，就需要对旅客进行人身检查。现场工作中通常采用仪器检查和手工检查两种方法相结合的方式进行检查。

1. 金属探测器检查法（移位人身检查法）

移位人身检查法指在现场工作中，旅客接受人身检查时，手检员按规定方法主动完成从前到后的人身检查程序的人身检查法。这种方法使旅客避免转身的不便，并始终能面对自己的行李物品，避免物品丢失，是一种从尊重旅客、方便旅客角度出发的人身检查方法。

人身检查的基本程序是由上到下，由里到外，由前到后。

（1）手检员面对或侧对金属探测门站立，观察金属探测门报警情况，确定人身检查对象。

（2）指引旅客到指定位置接受人身检查。检查时，金属探测器所到之处，手检员应用另一只手做按压、触摸式的检查，与金属探测器检查进行有机结合。

（3）请旅客面对行李物品方向站立，提醒旅客看好自己的行李物品。

（4）开始实施人身检查。

正面：前衣领→右肩→右大臂外侧→右手→右大臂内侧→腋下→右上身外侧→右前胸→腰腹部→左肩→左大臂外侧→左手→左大臂内侧→腋下→左上身外侧→左前胸→腰腹部→右膝部内侧→裆部→左膝部内侧

背面：头部→后衣领→背部→后腰部→臀部→左大腿外侧→左小腿外侧→左脚→左小腿内侧→右小腿内侧→右脚→右小腿外侧→右大腿外侧

脚部：如发现旅客脚部有异常或鞋子厚大，应请旅客配合脱鞋，用手持金属探测器和手相结合的方法对其脚踝进行检查，同时将鞋子过 X 射线机进行检查。

（5）如果手持金属探测器报警，手检员左手应配合触摸报警部位，以判明报警物的性质，同时请过检人员取出该物品进行检查。过检人员将报警物从身上取出后，手检员应对该报警部位进行复检，确认无危险品后方可进行下一步检查。

（6）检查完毕，提醒旅客拿好自己的行李物品，回到原位置进入待检状态。

 课堂实训

实训任务：两人一组，使用金属探测器，按照基本程序，模拟人身检查。

实训要求：打开金属探测器，调试到工作状态，检验操作者能否准确查找报警物。

实训准备：金属探测器、备查物品。

实训评价：综合评价 = 学生评价 ×40%+ 教师评价 ×60%（表 5-3）。

表 5-3　课堂实训评分表

评分标准	分值	学生评价	教师评价	综合评价
正确开机，调试到工作状态	10			
正面程序正确，动作规范	40			
背面程序正确，动作规范	30			
仪表、站姿规范，面带微笑	10			
语言规范	10			
合计	100			

2. 手工人身检查

手工人身检查主要是顺着旅客身体自然形状，通过"摸、按、压"等方法，用手感觉出藏匿的物品。在手不离开旅客的衣物或身体的情况下用适当的力量进行按压，以感觉旅客身体或衣物内不相贴合、不自然的物品。对取出物品，应用手再进行复查，排除疑点后进行下一步检查。

（1）程序。手检员面对旅客站立，开始检查，若旅客着装较多，可请旅客解开外衣，对外衣也应认真检查。手检过程中，应注意对头部、肩胛、胸部、手部（手腕）、臀部、腋下、裆部、腰部、腹部、脚部、衣领、领带、腰带、鞋等进行重点检查。

正面：前衣领→双肩→前胸→腰部。

背面：后衣领→双臂外侧→内侧→腋下→背部→后腰→裆部→双腿内侧→双腿外侧→脚部。

（2）注意事项

① 检查时，手检员双手掌心要切实接触旅客身体和衣服，因为手掌心面积大且触觉较敏锐，这样能及时发现藏匿物品。

② 不可只查上半身不查下半身，尤其要注意检查重点部位。

③ 对旅客从身上掏出的物品，应仔细检查，防止夹带危险物品。

④ 检查过程中要不间断地观察旅客的表情，防止发生意外。

⑤ 手工人身检查一般应由同性别手检员实施，女性旅客必须由女性手检员进行手工人身检查，男性旅客可以由女性手检员实施手工人身检查。

3. 手检员的岗位文明用语

（1）先生（女士）对不起，安全门（金属探测门）已经报警了，您需要重新复查一下。

（2）请转身，请抬起手来。

（3）请问这是什么东西？您能打开给我看看吗？

（4）检查完毕，谢谢合作。

（5）请收好您放在衣物筐里的物品。

（6）请脱下您的外衣（帽子）。

 课堂实训

实训任务： 两人一组，按照基本程序，模拟手工人身检查。

实训要求： 检验操作者能否准确查找可疑物。

实训准备： 备查物品。

实训评价： 综合评价＝学生评价×40%＋教师评价×60%（表5-4）。

表5-4　课堂实训评分表

评分标准	分值	学生评价	教师评价	综合评价
正面程序正确，动作规范	40			
背面程序正确，动作规范	30			
仪表规范	10			
站姿标准	10			
语言得体	10			
合计	100			

4. 人身检查的重点对象和重点部位

（1）人身检查的重点对象。

① 精神恐慌、言行可疑、伪装镇静者。

② 冒充熟人、假献殷勤、接受检查过于热情者。

③ 表现不耐烦、催促检查或者言行蛮横、不愿接受检查者。

④ 窥视检查现场、探听安检情况等行为异常者。

⑤ 本次航班已开始登机、匆忙赶到安检现场者。

⑥ 公安部门、安全检查站掌握的嫌疑人和群众提供的有可疑言行的旅客。

⑦ 上级或有关部门通报的来自恐怖活动频繁的国家和地区的人员。

⑧ 着装与其身份不相符或不合时令者。

⑨ 男性中、青壮年旅客。

⑩ 根据空防安全形势需要有必要采取特别安全措施航线的旅客。

⑪ 有国家保卫对象乘坐的航班的其他旅客。

⑫ 检查中发现的其他可疑问题者。

（2）人身检查的重点部位。包括头部、肩胛、胸部、手部（手腕）、臀部、腋下、裆部、腰部、腹部、脚部。

（3）实施从严检查。对经过手工人身检查仍不能排除疑点的旅客，可带至安检室进行从严检查。

实施从严检查应报告安检部门值班领导批准后才能进行。从严检查必须由同性别的两名以上安检人员实施。从严检查应做好记录，并注意监视检查对象，防止其行凶、逃跑或毁灭罪证。

5. 人身检查的情况处置

对拒不接受安全检查的旅客，可拒绝其登机。

在检查过程中，发现旅客隐匿携带枪支弹药、管制刀具、爆炸物品等，应控制人和物，并一起移交机场公安机关处理。

 **阅读材料**

旅客口含打火机"闯关"，被机场安检人员当场识别

2019年1月3号下午5点50分左右，青岛机场安检旅检一部阳光班组五分队的队员们正在有条不紊地执行安全检查工作。这时，一名神情慌张、眼神闪躲的年轻旅客引起了引导员的注意。更为可疑的是，这名年轻旅客表情怪异，安检人员和他交谈，他始终一言不发，似乎嘴里含了东西。待此旅客通过金属探测门之后，通道负责人对其进行了盘问。一开始，这名旅客还是一言不发，嘴角还露出了诡异的微笑。通道负责人要求该旅客张嘴检查，竟然从嘴里吐出一个打火机。经了解，该旅客只是觉得好玩，想试探安检人员能否检查出来，顺便进候机隔离区抽根烟，没想到的是没有蒙混过去，还耽误了行程。最终根据相关规定将其移交机场公安机关处理。

分析：中国民用航空局规定，禁止旅客随身携带打火机、火柴乘坐民航班机（含国际/地区航班、国内航班），也不可以放在托运行李中托运。旅客若不舍遗弃，可寄存在安检部门。对于携带违禁物品登机、不配合安检工作的，将被移交机场公安机关处理。

综合实训

实训任务： 模拟手检员对旅客进行人身检查，各组按照分配的情境，准备处理过程、对话用语，并展示。

实训要求： 情境1：一个小孩通过金属探测门时发生报警，其家长坚称小孩身上没有东西，拒绝检查。

情境2：人身检查时遇到旅客藏匿攻击性武器。

情境3：在使用金属探测器检查女性旅客时，头部发生报警。

实训准备： 金属探测器、备查物品。

实训评价： 综合评价＝学生评价×40%＋教师评价×60%（表5-5）。

表5-5 综合实训评分表

评价标准	分值	学生评价	教师评价	综合评价
落实岗位职责	20			
处置程序正确	30			
处置方法得当	30			
文明使用岗位执勤用语	20			
合计	100			

思考与练习

1. 引导员的工作要点有哪些？

2. 人身检查的顺序是什么？

3. 人身检查的重点对象有哪些？重点部位有哪些？

4. 遇到孕妇不愿意过金属探测门时，安检人员应如何处理？

项目六
开箱（包）检查

项目导读

  开箱（包）检查是安全检查工作的最后一个环节，是安检人员必须熟练掌握的一项技能。开箱（包）检查是仪器检查的一种辅助方法，同时也是弥补仪器检查不足的一种补充性技术检查。通常在下列情况下进行开箱（包）检查：一是仪器检查无法判断其性质的物品；二是旅客携带的某些不能通过仪器检查的特殊物品。本环节要求学生能按照开机员的指示对旅客箱（包）进行查验，准确识别违禁品并正确处置。

任务一 开箱（包）检查任务实施

任务目标

通过本任务的学习，增强安全意识和素养，熟悉开箱（包）检查员的岗位职责，掌握开箱（包）检查的方法和程序。

任务分析

开箱（包）检查是安检人员需要掌握的一项重要的实操技能。为确保开箱（包）检查任务实施的规范、准确，开箱（包）检查员要牢记岗位职责，熟练运用开箱（包）检查的方法，规范使用岗位服务用语，严格按照开箱（包）检查的程序规范操作。

任务实施

一、开箱（包）检查员的岗位职责

开箱（包）检查员一般可具体分为开机员和开包员。在安检过程中，开机员通过观看 X 射线机图像，先辨别清楚需要打开检查的箱（包），再观看其可疑物品所处箱（包）中的位置，最后由开包员按照程序开箱（包）检查。

（1）对旅客行李（货物、邮件）实施开箱（包）手工检查。

（2）准确辨认和按照有关规定正确处理违禁物品。

（3）开具暂存或移交物品单据。

 **充电站**

X 射线机探测原理

安检 X 射线机利用小剂量的 X 射线照射备检物品，利用计算机分析透过的射线，根据透过射线的变化分析被穿透的物品性质。X 射线机能多角度透视旅客行李，形成立体图像。以首都国际机场使用的 X 射线机为例，采用多点源探测，行李内的物品在电脑屏幕上会形成立体图像，而且颜色深浅不一。X 射线会被物品阻挡吸收，形成微小的阴影，而机器内的感应装置将这种阴影放大，呈现在电脑屏幕上，有形体的物品均可以被探测，并呈现出不同的颜色。橙色代表有机物，包括食品、水、塑料等；绿色代表混合物，如书本、陶瓷等；蓝色代表无机物，如金属等。安检人员必须迅速结合物品色彩以及形状，判断出是否有违禁品。

二、开箱（包）检查的方法

一般是通过人的眼、耳、鼻、手等感官进行检查，根据不同的物品采取相应的检查方法。常用方法有看、听、摸、拆、掂、捏、嗅、探、摇、敲、开等。

（1）看。就是对物品的外表进行观察，看是否有异常，包袋是否有变动等。

（2）听。对录音机、收音机等音响器材通过听的方法，判断其是否正常，此法也可以用于对被怀疑有定时爆炸装置的物品进行检查。

（3）摸。就是直接用手的触觉来判断是否藏有异常或危险物品。

（4）拆。对被怀疑的物品，通过拆开包装或外壳，检查其内部有无藏匿危险物品。

（5）掂。对被检查的物品用手掂其重量，看其重量与正常的物品是否相符，从而确定是否进一步进行检查。

（6）捏。主要用于对软包装且体积较小的物品，如洗发液、香烟等物品的检查，靠手感来判断有无异常物。

（7）嗅。对被怀疑的物品，主要是爆炸物、化学挥发性物品，通过鼻子的嗅闻，判断物品的性质。

（8）探。对被怀疑的物品如花盆，盛有物品的坛、罐等，如无法透视，也不能用金属探测器检查，可用探针进行检查，判断有无异物。

（9）摇。对有疑问的物品，如用容器盛装的液体、佛像、香炉等中间可能是空心的物品，可以用摇晃的方法进行检查。

（10）敲。对某些不易打开的物品，如拐杖、石膏等，用手敲击，听其发出的声音是否正常。

（11）开。通过开启关闭开关，检查电器是否正常，防止其被改装为爆炸物。

以上方法不一定单独使用，常常是几种方法结合起来使用，以便更准确、快速地进行检查。

三、开箱（包）检查的程序

（一）开箱（包）检查具体操作程序

（1）开包员站立在 X 射线机行李传送带出口处疏导箱（包），避免过检箱（包）被挤、压或摔倒。

（2）当有箱（包）需要开检时，开机员给开包员以语言提示，待物主到达前，开包员控制需开检的箱（包），物主到达后，开包员请物主自行打开箱（包），对箱（包）实施检查[如在箱（包）内疑有枪支、爆炸物等危险品的特殊情况下，由开包员控制箱（包），并做到人、物分离]。

（3）开箱（包）检查时，开启的箱（包）应侧对物主，使其能通视自己的物品。

（4）根据开机员的提示对箱（包）进行有针对性的检查。已查和未查的物品要分开，放置要整齐有序。

① 检查箱（包）的外层时，应注意检查其外部小口袋及有拉锁的外夹层。

② 检查箱（包）的内层和夹层时，应用手沿包的各个侧面上下摸查，将所有的夹层、底层和内层小口袋完整、认真地检查一遍。

（5）检查过程中，开包员应根据物品种类采取相应的方法（看、听、摸、拆、掂、捏、嗅、探、摇、敲、开）进行检查。

（6）开包员将检查出的物品请开机员复核。

① 若属安全物品，则交还旅客本人或将物品放回旅客箱（包），并协助旅客将箱（包）恢复原状。而后对箱（包）进行 X 射线机复检。

② 若为违禁品则做移交处理。

（7）若过检人员申明携带的物品不宜接受公开开箱（包）检查时，开包员应交值班领导处理。

（8）遇有过检人员携带胶片、计算机软盘等物品不能接受 X 射线机检查时，应进行手工检查。

（二）开箱（包）检查岗位文明用语

（1）您好，请您打开这个包。

（2）您好，这是违禁物品，按规定不能带上飞机，请出示您的乘机手续，我给您办理手续。

（3）您好，刀具您不能随身带上飞机，您可交送行人带回或放进手提包内办理托运。

（4）请不要在通道内停留，拿好行李物品往里走。

（5）谢谢合作，请带好您的行李物品往里走。

（6）谢谢合作，祝您一路平安。

✈ **课堂实训**

实训任务： 开箱（包）手工检查。

实训要求： 独立完成，准确辨认、正确处理违禁物品，开具单据。

实训准备： 箱（包）、备查物品。

实训评价： 综合评价 ＝ 学生评价 ×40%＋ 教师评价 ×60%（表 6-1）。

表 6-1　课堂实训评分表

评价标准	分值	学生评价	教师评价	综合评价
着装规范、发型符合要求	10			
使用执勤用语	10			
检查动作准确	10			
4 分钟内还原箱（包）	10			
检查方法正确、程序规范	20			
按照规定处理违禁物品	20			
开具物品单据	20			
合计	100			

任务二　常见物品的检查方法

任务目标

通过本任务的学习，熟悉开箱（包）检查的重点对象，掌握常见物品的检查方法和检查时应注意的事项。

任务分析

"安全是民航业的生命线，任何时候、任何环节都不能麻痹大意。"看似普通的物品，内里可能大有玄机。安检人员要对开箱（包）检查的重点对象和检查方法了然于心，才能坚守安全底线，保障民航安全乃至国家安全。

任务实施

一、开箱（包）检查的重点对象（重点物品）

（1）用 X 射线机检查时，图像模糊不清无法判断物品性质的。

（2）用 X 射线机检查时，发现疑似有电池、导线、钟表、粉末状物品、液体状物品、枪弹状物品及其他可疑物品的。

（3）X 射线机图像中显示有容器、仪表、瓷器等物品的。

（4）照相机、收音机、录音录像机及电子计算机等电器。

（5）旅客特别小心或时刻不离身的物品。

（6）旅客携带的物品与其职业、事由和季节不相适应的。

（7）旅客声称是帮他人携带或来历不明的物品。

（8）旅客声明不能用 X 射线机检查的物品。

（9）现场表现异常的旅客或群众揭发的嫌疑分子所携带的物品。

（10）公安部门通报的嫌疑分子或被列入查控人员所携带的物品。

（11）旅客携带的密码箱（包）进入检查区域发生报警的。

二、开箱（包）时常见物品的检查方法

1. 仪器、仪表的检查方法

仪器、仪表通常进行 X 射线机透视检查，如 X 射线机透视不清，又有怀疑，可用看、掂、探、拆等方法检查。看仪器、仪表的外表螺丝是否有动过的痕迹；对家用电表、水表等可掂其重量来判断；对一般性的仪器、仪表可使用钟控定时炸弹探测器检查，通过听是否有

钟表声音来判别有无定时爆炸装置；对特别怀疑的仪器、仪表可以拆开检查，看里面是否藏有违禁物品。

2. 各种容器的检查方法

进行检查时，可取出容器内的东西，采取敲击、测量的方法，听其发出的声音，分辨有无夹层，并测出容器的外高与内深，外径与内径的比差是否相符。如不能取出里面的东西，则可采用探针检查方法，或使用防爆探测仪进行检查。

3. 各种文物、工艺品的检查方法

一般采用摇晃、敲击、听等方法进行检查，摇动或敲击时，听其有无杂音或异物晃动声。

4. 容器中液体的检查方法

检查一般可采用看、摇、嗅的方法或使用液态物品检测仪进行。看容器、瓶子是否为原始包装封口；摇液体有无泡沫（易燃液体经摇动一般产生泡沫且泡沫消失快）；嗅闻液体气味是否异常（酒的气味香浓，汽油、乙醇、香蕉水的刺激性大）。

5. 骨灰盒等特殊物品的检查方法

对旅客携带的骨灰盒、神龛、神像等特殊物品，如 X 射线机检查发现有异常物品时，可征得旅客同意后再进行手工检查；在旅客不愿意通过 X 射线机检查时，可采用手工检查或使用防爆探测仪进行安全检查。

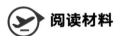 **阅读材料**

骨灰可以被带上飞机吗？

在广州白云国际机场 A 区安检 15 号通道，飞往福州的陈先生遇到了难题。他父亲去世，他想和母亲一起把父亲的骨灰运回老家安葬，他不想父亲被打扰，以为抱着父亲的骨灰过了金属探测门就算人身检查完了，但过了金属探测门还有手工人身检查。安检人员小梁了解他们的情况后，解释道："根据民航相关法律法规，为保障航空安全，飞机运载的任何行李、物品都必须要经过 X 射线机检查或直接进行手工检查，陈先生可以选择让骨灰经过 X 射线机检查，避免打开骨灰盒检查惊扰先人。"权衡之下，陈先生听从了安检人员的建议。最后，安检人员对骨灰做了防爆毒品检测，陈先生带着父亲的骨灰顺利登机。

分析： 根据民航相关规定，骨灰盒可直接带上飞机，不用托运。但死者家属应带上死亡证明书，在机场安检时出示，并将骨灰盒通过 X 射线机检查。在 X 射线机检查时没发现异物的情况下，安检人员不会再开盒检查，旅客可将骨灰盒直接带上飞机。骨灰作为非托运行李带上客舱的前提条件是不引起其他旅客不快，所以通常航空公司会规定其应作为托运行李运输。

携带骨灰盒乘机应注意：

（1）带好死者的死亡证明书以及当地派出所开具的安全携带证明。

（2）骨灰盒请选择能经过低量 X 射线穿透的材质。

（3）购买好机票后请和乘运的航空公司联系，事先报备。

（4）妥善包装，不要影响到旁边的旅客。

6. 衣物的检查方法

衣服的衣领、垫肩、袖口、兜部、裤腿等部位容易暗藏武器、管制刀具、爆炸物和其他违禁物品。因此，在安检过程中，对旅客行李物品、箱（包）中的可疑衣物要用摸、捏、掂等方式进行检查。对皮衣、皮裤等较厚衣物更要仔细检查，看是否有夹层，捏是否暗藏有异常物品，衣领处是否暗藏一些软质的爆炸物品，要掂重量是否正常。对衣物检查时应用手掌进行摸、按、压，因为掌心的接触面积大且敏感，容易查出藏匿在衣物中的危险品。

7. 皮带（女士束腰带）的检查方法

对皮带（女士束腰带）进行检查时，要看边缘缝合处有无再加工的痕迹，摸带圈内是否有夹层（图 6-1）。

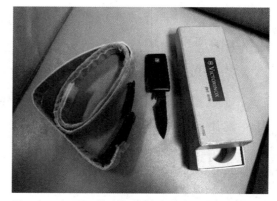

图 6-1　新疆阿勒泰机场首次查出"皮带刀"

8. 书籍的检查方法

书籍容易被人忽视，厚的书或者捆绑在一起的书可能被挖空，暗藏武器、管制刀具、爆炸物和其他违禁物品。检查时，应将书打开翻阅检查，看书中是否有上述物品。

9. 笔的检查方法

看笔的外观是否有异常，掂其重量是否与正常相符，按下开关或打开笔身查看其是否改装成笔刀或笔枪（图 6-2）。

图 6-2　笔刀

 阅读材料

钢笔玩具型打火机

10 月 11 日，阿克苏机场安检站查出一位旅客随身行李包内携带一只隐蔽性极高的钢笔玩具型打火机。

当日下午 4 时左右，正值 3 个航班同时开始办理乘机手续，过安检排队旅客也比较集中。这时一位中年男子手提一个黑色行李包通过安检 X 射线机检查时，开机员发现其包内有 3 支并排钢笔的图像和普通钢笔图像明显不一样，疑似打火机图像，就立即通知开包员进行开包检查。果然，开包员从该旅客包内取出这 3 支钢笔进行仔细观察对比，发现中间一支钢笔是一款隐蔽性极高的玩具型打火机（图 6-3）。

图 6-3　钢笔玩具型打火机

分析：民用航空局规定严禁携带任何火种登机，更不能隐匿携带火种登机，一经查获，不但会耽误行程，还将面临 5 000 元以下罚款。

10. 雨伞的检查方法

雨伞的结构很特殊，往往被劫机分子利用，在其伞骨、伞柄中藏匿武器、匕首等危险物品以混过安检。在检查中，可用捏、摸、掂直至打开的方法进行检查，要特别注意对折叠伞的检查。

11. 手杖的检查方法

注意对手杖进行敲击，听其发声是否正常，认真查看其是否被改成拐杖刀或拐杖枪（图 6-4）。

图 6-4　拐杖刀

12. 玩具的检查方法

小朋友携带的玩具也有可能暗藏匕首、刀具和爆炸装置。对毛绒玩具检查时，通常要看其外观，用手摸查有无异物；对电动玩具检查时，可通电或打开电池开关进行检查；对有遥控装置的玩具检查时，看其表面是否有动过的痕迹，摇晃是否有不正常的声音，掂其重量是否正常，拆开遥控器检查电池，看是否暗藏危险品。

13. 整条香烟的检查方法

整条香烟、烟盒和其他烟叶容器一般都是轻质物品，主要通过看其包装是否有被重新包装的痕迹和掂其重量（每条香烟重量约为 300 g）来判断，对有怀疑的要打开包装检查。

14. 摄像机、照相机的检查方法

对一般类型的摄像机，可首先检查其外观是否正常，有无可疑部件，有无拆卸过的痕迹，重点检查带匣、电池盒（外置电源）、取景窗等部分是否正常，对有怀疑的可让旅客进行操作以查明情况。对较复杂的大型摄像机，可征得旅客的同意进行 X 射线机检查。机内如没有胶卷，可以询问旅客是否可以打开照相机；也可以通过掂其重量来判断，如机内装有

爆炸物，其重量会不同于正常照相机。对有怀疑的照相机可以通过请旅客按快门试拍来判断。

15. 收音机的检查方法

一般要打开电池盒盖，抽出接收天线，查看其是否藏匿有违禁物品。必要时，再打开外壳检查内部。

16. 录音机（便携式 CD 机）等的检查方法

观察其是否能够正常工作，必要时打开电池盒盖和带舱等，查看其是否藏有危险物品。

17. 手提笔记本电脑的检查方法

检查外观有无异常，掂其重量是否正常，必要时可请旅客将电脑启动，查看其能否正常工作。对手提笔记本电脑的配套设备（鼠标、稳压器等）也要进行检查。

18. 手机的检查方法

可用看、掂、开等方法进行检查。看外观是否异常，掂其重量，如藏匿其他物品，其重量会有别于正常手机，可通过开启关闭开关来辨别手机是否正常。

19. 乐器的检查方法

乐器都有发音装置。对弦乐器可采用拨（按）、听、看的方法，听其能否正常发音。对管乐器材可请旅客现场演示。

20. 口红、香水等化妆品的检查方法

口红等化妆品易改成微型发射器（图 6-5），可通过掂其重量或打开进行检查。部分香水的外部结构在 X 射线机屏幕上所显示图像与微型发射器类似，在检查时观看瓶体说明并请旅客试用。

图 6-5　口红微型发射器

阅读材料

口红式电击器

10 月 14 日 16：55，昆明长水机场，一名男性旅客在通过安检 15 号通道时，开机员对旅客随身行李进行检查，在 X 射线机图像中发现该旅客背包侧面有装有金属环的可疑物品。开机员随即通知开包员对该行李做进一步检查，开包员在征得旅客同意后，将背包侧面的物品取出，发现该物品外观形似女士口红。开机员经过仔细观察图像并再次过检后，确认该可疑物

图 6-6　口红式电击器

品为口红式电击器（图6-6）。开包员将电击器取出后，向旅客解释电击器属于军警械具类物品，禁止旅客随身携带或交运。按照安检相关规定，最终将该名旅客及物品移交机场公安机关处理。

分析： 电击器属于军警械具类物品，禁止旅客随身携带或交运。按照安检相关规定，应将旅客及物品移交机场公安机关处理。

21. 粉末状物品的检查方法

粉末状物品性质不易确定，应取少量粉末状物品进行炸药探测仪的防爆检测，以确保该物品的安全。

22. 食品的检查方法

对罐、袋装食品的检查，应掂其重量看是否与罐、袋体所标注重量相符。看其封口是否有被重新包装的痕迹。觉察该物可疑时，可请旅客自己品尝。

 **阅读材料**

"乌龟汉堡"

7月29日上午10点，乘坐CZ345航班飞往北京的李先生来到了广州白云国际机场B区安检口。当李先生打包的食品通过X射线机检查时，开机员发现其图像可疑，里面除了"汉堡"之外还有几个模糊的棱角，遂进行开包检查。"先生，您的袋子里装的是什么？有没有乌龟啊？能打开看看吗？"开包员小贺询问道。"没有没有，就是汉堡啊，没什么好看的。"李先生开始支支吾吾不愿接受检查，后来在开包员的一再要求下，李先生承认了袋子里确实是乌龟，他还说为了能与心爱的乌龟一起出行才想到这个方法，无奈还是被安检人员发现了。最后在安检人员的耐心解释下，李先生将乌龟交给送行的朋友暂时照顾。

分析： 根据航空法规定，活体动物必须经过动植物检疫部门检验，并经航空公司批准才可带上飞机。旅客不可心存侥幸携带鲜、活动物乘机，以免为出行带来不必要的麻烦。

23. 小型电器的检查方法

电吹风机、电动卷发器、电动剃须刀等小型电器可通过观察外观、开启电池盒盖、现场操作的方法进行检查。对于钟表要检查表盘的时针、分针、秒针是否正常工作，拆开其电池盒盖看是否被改装成钟控定时爆炸装置。

24. 鞋的检查方法

采用看、摸、捏、掂等检查方法来判断鞋中是否藏有违禁物品。看，是指观看鞋的外表与鞋的内层；摸，是用手的触感来检查鞋的内边缘等较为隐蔽之处，检查是否异常；捏，是通过手的挤压来感觉进行判断；掂，是掂鞋的重量是否与正常鞋相符。必要时可通过X射线机进行检查。

实训任务：检查常见物品。

实训要求：检验操作者是否能够掌握常见物品的检查方法。

实训准备：备查物品（液体、衣物、皮带、书、笔、雨伞、手杖、玩具、手机、口红、食品、剃须刀、鞋）。

实训评价：综合评价＝学生评价 ×40%＋教师评价 ×60%（表 6-2）。

表 6-2　课堂实训评分表

评价标准	分值	学生评价	教师评价	综合评价
方法正确	30			
细节无遗漏	30			
对违规物品处置得当	40			
合计	100			

任务三　开箱（包）检查的情况处置

任务目标

通过本任务的学习，掌握常见违禁品的处置，能办理暂存、移交物品，填写暂存、移交物品单据。

任务分析

作为开箱（包）检查员不仅要能够准确判断出可疑物品在箱（包）中的位置，在开箱（包）检查过程中，如遇到旅客携带违禁品时，还要掌握常见违禁品的处置方法，熟悉办理暂存、移交物品的程序，能够为旅客准确填写暂存、移交物品单据。

任务实施

一、常见违禁品的处置

（一）对查出携带枪支、弹药的处理

（1）警卫人员携带枪支乘坐民航班机，应持有工作证、本人持枪证和公安部警卫局或中办警卫局、总政保卫部、军委办公厅警卫局、省（自治区、直辖市）公安厅（局）出具的持枪证明信，经核对无误后，登记放行，并通报机组。

（2）除前项规定情况外，其他执行公务人员携带枪支、弹药在安检前主动申报，并且手续齐全的，告其不能携带登机。

（3）境外人员和我国运动员参加国际比赛携带的枪支、弹药（包括狩猎枪支、弹药），凭公安部门或边防检查部门出具的"枪支、弹药携带证"，或者外交部、总政保卫部、省级体育行政管理部门出具的证明信，准予托运。

（4）其他旅客携带枪支、子弹的，交民航公安机关处理。

（二）对查出非管制刀具的处理

非管制刀具不准随身携带，可准予托运。国际航班如有特殊要求，经民航主管部门批准，可按其要求处理。

（三）对查出携带军、警械具的处理

（1）军人、政法人员因执行公务携带手铐、警绳的，可办理托运，不得随身携带。

（2）非军人、政法人员携带军、警械具的，交机场公安机关审查处理。

（3）军人、政法人员隐匿携带军、警械具的，交机场公安机关处理。

（四）对查出走私物品、淫秽物品、毒品、赌具、伪钞、反动宣传品等的处理

对检查中发现走私物品的，移交海关处理。对查出的淫秽物品、毒品、赌具、伪钞、反动宣传品等，应做好登记并将人和物移交机场公安机关、海关等相关联检单位依法处理。

 **阅读材料**

天津机场安检站查获淫秽光盘

4月14日15：00左右，天津机场安检人员在对乘坐 GS6508 次航班的旅客进行安检时，开机员马某从 X 射线机过检图像中发现一名旅客随身行李中有疑似光盘类物品，通知开包员对该行李进行开包检查。在提示旅客需要开包时，开包员发现该旅客神色慌张，不愿意接受检查，但声称可以托运行李。当开包员询问其是否有光盘时，该旅客先矢口否认，后声称不记得是否携带光盘。开包员当即提高警惕，请旅客配合开包，在开包过程中发现其行李内的光盘均为淫秽光盘。安检人员将该旅客人、物分离并实施有效控制，上报中队长，在请示值班主任后，将该旅客带至特殊旅客检查室进行从严检查，并将他的随身行李进行手工检查，均未发现其他异常情况，经逐级上报后移交机场公安机关处理。

分析： 传播色情淫秽信息是违法行为，按照规定，携带此类物品的旅客，一旦被安检人员发现，将会被移交给机场公安机关处理，轻则接受批评教育或罚款，重则取消登机资格，情节极为严重的还要承担法律责任。

国内外空防形势严峻，不安全事件频发，安检站根据上级要求提高员工工作警惕性和安全意识，通过安全质量控制自查、加强日常监督巡视，提高对旅客携带违禁物品的查处力度，有效确保机场持续空防安全。

（五）对携带含有易燃物质的日常生活用品的处理

对含有易燃物质的日常生活用品，实行限量携带。对医护人员携带的抢救危重病人所必需的氧气袋等凭医院的证明可予以检查放行。

 **充电站**

乘机旅客限量随身携带的生活用品及数量

发胶、衣领净、摩丝、发亮剂	1 瓶（350 mL）
香水	500 mL
杀虫剂、空气清新剂	1 瓶（350 mL）
日常生活用品	累计不超过 1 000 mL 或 1 kg
充电宝	2 个（额定能量不超过 160 Wh）

（六）旅客丢失物品的处理

由捡拾人与移交员共同对捡拾物品进行清点、登记；捡拾物品在当天未被旅客取走的上交失物招领处，并取回回执单留存。

（七）旅客暂存或自弃物品的处理

每天勤务结束后，移交员将暂存物品、旅客自弃物品及"暂存物品登记表"上交值班员兼信息统计员。

二、暂存、移交的办理

（一）办理暂存、移交的程序

违禁品、限量物品、禁止随身携带可托运物品、丢失物品办理暂存、移交的程序如图 6-7 所示。

（二）暂存物品的领取及处理

值班员兼信息统计员负责将移交员上交的暂存物品进行清点、签收；保留"暂存物品登记表"，并负责将暂存物品按日期分类放置在相应的层柜中，以备以后提取暂存物品；收存旅客自弃物品。

旅客凭"暂存物品收据"在 30 天之内领取暂存物品。物品保管员根据"暂存物品收据"上的日期、编号找到该暂存物品，经确认无误后将暂存物品返还给领取人，收回"暂存物品收据"并在"暂存物品登记表"上注销。

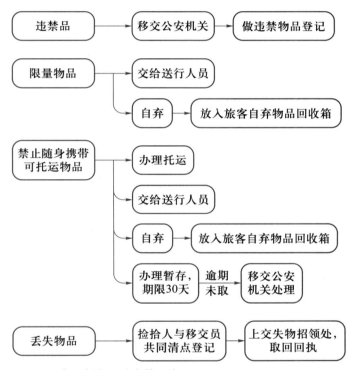

图 6-7 办理暂存、移交的程序

（三）暂存、移交物品单据的使用和填写

1. 暂存物品单据的使用和填写

暂存物品指不能由乘机旅客自己随身携带，旅客本人又不便于处置的物品。"暂存物品收据"（表 6-3）是具备物主（旅客）姓名、航班号、目的地、工作单位、物品名称、物品数量、逾限日期、经办人等项目的一式三联的单据。

表 6-3　暂存物品收据

民航首都国际机场安全检查站

旅客姓名 Name in full	航班号 Flight No.	目的地 Destination
工作单位 Residence	物品名称 Item(s)	物品数量 Amount
经办人 Handler	逾限日期 Time limit	编号 No.

RECEIPT FOR HELDGOODS　　　年　月　日

此联随物品交站值班人员

电话：　　　　　　　TEL：

在开具单据时必须按照单据所规定的项目逐项填写，不得漏项，一式三联，第一联留存，第二联交给旅客，第三联贴于暂存物品上以便旅客领取。安检部门收存的暂存物品应设专人专柜妥善保管，不得丢失。

暂存单据有效期限一般为 30 天，逾期未领者，视为无人认领物品，交由机场公安机关处理。

2. 移交物品单据的使用和填写

移交指安检部门将在安检工作中遇到的问题按规定移交给各有关部门。

（1）移交公安机关。安检中发现可能被用来劫（炸）机的武器、弹药、管制刀具以及假冒证件等，应当连人带物移交所属机场公安机关审查处理。

（2）移交其他有关部门。对在安检中发现的被认为是走私的黄金、文物、毒品、淫秽物品、伪钞等，应连人带物移交有关部门审查处理。

（3）移交机组。旅客携带的藏刀、腰刀、靴刀等在少数民族区域内乘坐飞机时可移交机组。

移交时要办理好交接手续，清点所有物品，填写好移交单据。移交单据上有旅客姓名、证件号码、所乘航班、乘机日期、起飞时间、座位号、始发地、目的地、物品名称、数量、经办人、接收人等项目。移交单据一式三联，第一联留存，第二联交给旅客，第三联交给接收人。移交单据应妥善保管，以便存查。

对旅客遗留的物品，要登记清楚钱、物的数量，型号，日期，交专人妥善保管，方便旅客认领。

对旅客自弃的物品，安检部门要统一造册，妥善保管，经上级领导批准再做出处理。

实训任务： 模拟安检人员执行开箱（包）检查过程中，处置发现违禁品的情况。

实训要求： 按程序完成以下情况的正确处置。

情境 1：安检人员请旅客开箱（包）接受检查，旅客转身就跑。

情境 2：安检人员在旅客行李中发现一本反动言论书籍。

情境 3：旅客欲抢回安检人员在其行李中检查出来的管制刀具。

情境 4：安检人员在旅客行李中检查出有液蓄电池。

实训准备： 箱（包）、备查物品。

实训评价： 综合评价 = 学生评价 ×40%+ 教师评价 ×60%（表 6-4）。

表 6-4　课堂实训评分表

评价标准	分值	学生评价	教师评价	综合评价
落实岗位职责	20			
处置程序正确	30			
处置方法得当	30			
文明使用岗位执勤用语	20			
合计	100			

 综合实训

实训任务： 分组模拟安检现场，组内成员分角色扮演安检人员、旅客，完成安全检查。

1. 维序岗位

位　　置：站在安检通道前，维持待检人员秩序。

文明用语：您好，请排好队，准备好身份证件和登机牌。

您好，请往里走（并配以手势）。

2. 验证岗位

位　　置：通道的最前端，设立验证台，是进入安检通道后的第一个检查项目。

文明用语：您好，请出示身份证件和登机牌。

谢谢合作！

3. 引导岗位

位　　置：X 射线机前面，要求旅客把随身携带的行李物品正确放在 X 射线机上、小件物品放在托盘里接受检查。

文明用语：您好，请把行李放在 X 射线机上。

您好，请把随身携带的手机、钱包等物品放在托盘里。

您好，请通过金属探测门。

4. 人身检查岗位

位　　置：金属探测门后面，运用金属探测器和手工检查并用的方法对旅客进行人身检查。

文明用语：您好，请接受人身检查。

您好，请伸开双臂。

您好，请转过身。

检查完毕，谢谢合作！

5. X 射线机检查岗位

位　　置：X 射线机电脑前，检查旅客的行李是否携带违禁物品，如果有违禁物品，通知开包员，实施开箱（包）检查。

6. 开箱（包）检查岗位

位　　置：X 射线机传送带旁设一个开箱（包）检查台，对经过 X 射线机检查有怀疑的箱（包）实施开箱（包）检查。

文明用语：您好，请接受开箱（包）检查。

您好，按规定 ×× 不能作为随身携带行李携带，您可以放入托运行李里或办理暂存。

谢谢合作，祝您旅途愉快！

实训要求：1. 考查操作者掌握安检的全流程

2. 考查服务细节

实训准备：验证台、X 射线机、金属探测门、金属探测器、拉杆箱、备查物品。

实训评价：综合评价＝学生评价 ×40%＋教师评价 ×60%（表 6-5）。

表 6-5　综合实训评分表

评价标准	分值	学生评价	教师评价	综合评价
仪容体态端庄	10			
文明使用岗位执勤用语	10			
维序良好	10			
验证仔细	10			
引导到位	10			
金属探测器检查正确	10			
手工检查无误	10			
X 射线机检查准确	10			
开箱（包）检查规范	10			
特殊情况处置得当	10			
合计	100			

思考与练习

1. 简述办理暂存、移交的程序。

2. 安检人员在检查过程中发现旅客随身行李中有一把小水果刀，应如何处置？

3. 简述开箱（包）检查的方法。

4. 简述如何处理查出旅客携带枪支、弹药的情况。

5. 安检人员在检查过程中发现旅客的行李中有自热米饭，应如何处理？

6. 遇有旅客意图动手抢回被安检人员检查出来的管制刀具的情况时，应如何处理？

项目七

知法守法　确保航空安全

项目导读

　　如果说道德是人们追求的较高境界，不违法就是人们的行为底线。现代社会是法治社会，自觉学法、尊法、守法、用法，维护法律的尊严，是当代公民应尽的职责。在职业生活中，法律具有保护作用。具体到民航业，法律是我们职业活动的"卫士"。我国制定了许多法律法规来确保航空安全，但如果不能得到有效施行、遵守，就无法真正实现航空安全。

任务目标

通过本任务的学习，了解两个航空安保组织的概况，能阐述两个组织在航空安保领域的重要作用，意识到两个组织的存在对于航空安保有着重要意义。

任务分析

在民航领域中，国际组织承担了十分重要的责任。其中，国际民用航空组织和国际航空运输协会格外重要，是当今国际民航领域最具影响力的两个组织。它们不仅引领着民航政策的制定，也指导着各国的民航活动。这两个国际组织是怎么创立的？在处理民航事物方面发挥着哪些重要作用？中国与它们的关系怎样？通过探究以上问题，完成本任务的学习。

任务实施

一、国际民用航空组织概况

国际民用航空组织（International Civil Aviation Organization，简称ICAO）（图7-1）是联合国系统中负责处理国际民航事物的专门机构，是《国际民用航空公约》的产物，是专门协调各国有关民航经济和法律义务，并制定各种民航技术标准和航行规则的国际组织。

图7-1　国际民用航空组织标志

1944年11月1日—12月7日，在芝加哥召开了有52国参加的国际民用航空会议，签订了《国际民用航空公约》，简称《芝加哥公约》，成立了临时国际民用航空组织。1947年4月4日《芝加哥公约》生效，正式成立国际民用航空组织。

我国是ICAO的创始成员国之一。1944年，"中华民国"政府签署了《芝加哥公约》；1946年，正式成为会员国。1971年，ICAO通过决议承认中华人民共和国为中国唯一合法代表；1974年，我国承认《芝加哥公约》并参加ICAO活动，同年当选二类理事国；2004年，ICAO第35届大会，我国当选一类理事国。蒙特利尔设有中国常驻ICAO理事会代表处。

二、国际航空运输协会概况

国际航空运输协会（International Air Transportation Association，简称IATA），简称国际航协（图7-2），1945年12月18日成立于古巴哈瓦那，总部及总办事处设于加拿大蒙特利尔，清算所设于日内瓦，并在北京、纽约、巴黎、曼谷、内罗毕、新加坡、里约热内卢等设有办事处。

IATA是全世界航空运输企业自愿联合组织的非政府性国际组织。凡ICAO成员国任一经营定期航班的航空企业，经其政府许可都可成为该协会成员。

图7-2　国际航空运输协会标志

任务二　国际民航领域中的公约

任务目标

通过本任务的学习，了解国际民航领域的 4 个公约，能阐述 4 个公约对航空安全的重要作用。

任务分析

当今世界，民航业飞速发展，但维护民航安全始终是不变的主题。在发展的过程中，各国逐渐以 4 个公约为基础，规范着民航活动。4 个公约不仅维护着民航业的共同利益，还对维护民航安全有着重要作用。

任务实施

一、《国际民用航空公约》及其附件

1944 年，芝加哥会议制定的《国际民用航空公约》是国际民航界公认的"宪章"，是现行航空法的基本文件。它规定了民用航空的范围、实行措施、国际民航组织等基本内容。

ICAO 通过制定公约附件对民航领域的各方面形成具有约束力的技术文件。公约附件正式命名为"国际标准和建议措施"，共 19 个附件：① 人员执照的颁发；② 空中规则；③ 国际空中航行的气象服务；④ 航图；⑤ 空中和地面运行中使用的计量单位；⑥ 航空器的运行；⑦ 航空器国籍和登记标志；⑧ 航空器的适航性；⑨ 简化手续；⑩ 航空电信；⑪ 空中交通服务；⑫ 搜寻和救援；⑬ 航空器事故和事故征候调查；⑭ 机场；⑮ 航行情报服务；⑯ 环境保护；⑰ 航空安保——保护国际民用航空免遭非法干扰行为；⑱ 危险物品的安全航空运输；⑲ 安全管理。

 **阅读材料**

"3·21"东航 MU5735 空难事件

2022 年 3 月 21 日，东方航空云南有限公司波音 737-800 型 B-1791 号机，执行 MU5735 昆明至广州航班，在广州管制区域巡航时，自航路巡航高度 8 900 米快速下降，最终坠毁在广西壮族自治区梧州市藤县埌南镇莫埌村附近。飞机撞地后解体，机上 123 名旅客、9 名机组成员全部遇难。

2022 年 4 月 20 日，中国民用航空局发布《关于"321"东航 MU5735 航空器飞行事故调查初步报告的情况通报》。主要包括飞行经过、机组机务人员、适航维修、残骸分

布等事实信息。

　　分析： 根据《国际民用航空公约》附件 13《航空器事故和事故征候调查》的规定，在事故之日起 30 天内，调查组织国须向国际民航组织和参与调查国发送调查初步报告，其内容通常为当前所获取的事实信息，不包括事故原因分析及结论。

　　另据《国际民用航空公约》的规定，为了预防事故，进行事故或事故征候调查的国家必须尽快并在可能时于 12 个月之内将最终报告公开发布。如果不能在 12 个月之内公开发布报告，进行调查的国家必须在每年的出事周年日公开发布一份临时声明，详述调查进展情况及所提出的任何安全问题。

　　在民航活动的领域中，屡有危害航空安全的案件发生。这些行为危害国家安全，侵犯旅客的财产和人身权利。我们对此深恶痛绝，ICAO 和各国均立法严厉惩处此类行为。

二、《东京公约》

　　《东京公约》全称为《关于在航空器内的犯罪和某些其他行为的公约》。1963 年 9 月，ICAO 在东京召开国际航空法会议，60 个国家签订《东京公约》。该公约规定航空器登记国有权对在机上的犯罪和犯罪行为行使管辖权，主要目的是确立机长对航空器内犯罪的管辖权。

　　《东京公约》规定机长有权对航空器上的"犯罪"者采取措施，包括必要的强制性措施；机长有命令"犯罪"者在任何降落地下机的权利；对航空器上的严重犯罪，机长有将案犯送交降落地国合法当局的权利。

三、《海牙公约》

　　《海牙公约》全称为《制止非法劫持航空器的公约》。1970 年 12 月，ICAO 在荷兰海牙召开国际航空法外交会议，讨论有关劫持飞机问题，76 个国家签订《海牙公约》，该公约于 1971 年 10 月 4 日生效。

　　《海牙公约》规定了各缔约国对犯罪行为实施管辖权及拘留、起诉或引渡罪犯的详细规定。将"用武力、武力威胁、精神胁迫方式，非法劫持或控制航空器（包括未遂）"界定为构成刑事犯罪。

四、《蒙特利尔公约》

　　《蒙特利尔公约》全称为《制止危害民用航空安全的非法行为公约》。1971 年 9 月，ICAO 在加拿大蒙特利尔召开国际航空法外交会议，签订《蒙特利尔公约》，该公约于 1973 年 1 月 26 日生效。

　　《蒙特利尔公约》主要涉及非法劫持航空器以外的危害航空安全的犯罪行为：

　　（1）对飞行中的航空器上的人实施暴力行为，具有危害该航空器安全的性质；

（2）毁坏使用中的航空器，或者致使航空器损坏，使其无法飞行或危害其飞行安全；

（3）在使用中的航空器上放置或使别人放置某种装置或物质，该装置或物质足以毁灭该航空器或者对航空器造成毁坏使其无法飞行，或足以危害其飞行安全；

（4）毁坏或损坏航行设施或扰乱其工作，有危害飞行中的航空器安全的性质；

（5）传送明知虚假的情报，由此危害飞行中航空器的安全；

（6）上述各行为的未遂犯及共犯（包括未遂共犯）。

 **充电站**

2010 年《北京公约》

2022 年 10 月 30 日，第十三届全国人大常委会第三十七次会议在京闭幕，会议审议并批准了 2010 年 9 月 10 日由中华人民共和国代表在北京签署的《制止与国际民用航空有关的非法行为的公约》（以下简称 2010 年《北京公约》），同时声明：

一、中华人民共和国不受《北京公约》第二十条第一款的约束。

二、在中华人民共和国政府另行通知前，《北京公约》暂不适用于中华人民共和国香港特别行政区和中华人民共和国澳门特别行政区。

2010 年《北京公约》弥补了此前航空保安公约存在的空白和不足，完善了国际航空保安公约体系。

2010 年《北京公约》是首个以中国城市命名的国际民航公约，于 2010 年由国际航空保安公约外交大会在北京制定。2010 年《北京公约》对 1971 年《蒙特利尔公约》进行修订并吸收了联合国其他反恐公约的有关规定，扩大了对危害国际民航安全行为的刑事打击范围，加强了打击力度，提升了对民航安全的保护力度。公约于 2018 年 7 月 1 日生效，截至目前，已有 45 个国家批准。

此次批准 2010 年《北京公约》，表明了我国对于严惩针对民航业的国际犯罪活动、维护航空运输安全的决心和积极态度，也将对保障我国航空运输业安全健康发展、保证旅客生命财产安全发挥积极作用。

任务目标

通过本任务的学习，了解《中华人民共和国民用航空法》的渊源及其中关于"安全技术检查""藏匿携带枪支、弹药、管制刀具乘坐航空器的处罚"的规定；能运用本任务所学法律条款，分析案例；树立法制观念，感悟到民航安全无小事，一切行为要以法律为准绳。

任务分析

民航活动具有国际性的特点。如果说《国际民用航空公约》是国际民航界公认的"宪章"，那么我国民航界的"宪章"又是什么呢？《中华人民共和国民用航空法》是为了维护国家领空主权和民航权利，保障民航活动安全有序进行，保护民航活动当事人合法权益，促进民航业发展而制定的法律。通过学习这部法律，可以回答上述问题。

任务实施

1995年10月30日，第八届全国人民代表大会常务委员会第十六次会议通过《中华人民共和国民用航空法》，1996年3月1日生效。当前施行的是根据2021年4月29日第十三届全国人民代表大会常务委员会第二十八次会议《关于修订〈中华人民共和国道路交通安全法〉等八部法律的决定》第六次修正的版本。

一、关于安检的规定

第一百条　公共航空运输企业不得运输法律、行政法规规定的禁运物品。

公共航空运输企业未经国务院民用航空主管部门批准，不得运输作战军火、作战物资。

禁止旅客随身携带法律、行政法规规定的禁运物品乘坐民用航空器。

第一百零一条　公共航空运输企业运输危险品，应当遵守国家有关规定。

禁止以非危险品品名托运危险品。

禁止旅客随身携带危险品乘坐民用航空器。除因执行公务并按照国家规定经过批准外，禁止旅客携带枪支、管制刀具乘坐民用航空器。禁止违反国务院民用航空主管部门的规定将危险品作为行李托运。

危险品品名由国务院民用航空主管部门规定并公布。

第一百零二条　公共航空运输企业不得运输拒绝接受安全检查的旅客，不得违反国家规定运输未经安全检查的行李。

公共航空运输企业必须按照国务院民用航空主管部门的规定，对承运的货物进行安全检查或者采取其他保证安全的措施。

第一百零三条　公共航空运输企业从事国际航空运输的民用航空器及其所载人员、行李、货物应当接受边防、海关等主管部门的检查；但是，检查时应当避免不必要的延误。

二、关于藏匿携带枪支、弹药、管制刀具乘坐航空器的处罚规定

 **阅读材料**

藏匿携带枪支子弹被查获

某日上午，被告人莫某携带一支枪号为 18004298 的"六四"式手枪和子弹 10 发，混过咸阳机场安全检查站，登上由西安飞往桂林的 2339 次航班。由于天气原因，飞机降落于湖南省长沙黄花机场，当天航班亦被取消。次日上午 7 时 10 分，被告人莫某又将携带的枪支子弹藏匿身上，企图再次蒙混安全检查登机回桂林时，在现场被查获。

审判及分析： 湖南省长沙县人民检察院以被告人莫某犯隐匿携带枪支子弹乘坐民用航空器罪提起公诉。长沙县人民法院受理后，依法组成合议庭公开审理了本案。经审理认为：被告人莫某无视国家法律，非因公务并未经批准，私自携带枪支子弹登机，其行为已触犯《中华人民共和国民用航空法》第一百九十三条第三款的规定，构成了犯罪，应当依法追究刑事责任。鉴于其归案后认罪态度较好，且系偶犯，可酌情予以从轻处罚。该院根据《中华人民共和国民用航空法》第一百九十三条第三款、《中华人民共和国刑法》第一百六十三条、第六十七条第一款、第六十八条第一款的规定，做出刑事判决如下：被告人莫某犯私藏枪支、弹药罪，判处拘役六个月，缓刑一年。

宣判后，被告人没有上诉；长沙县人民检察院以原判"定性不当"为理由，向长沙市中级人民法院提出抗诉。长沙市中级人民法院经过二审审理，确认原审判决认定被告人莫某犯罪的基本事实清楚，情节无出入。但认为，被告人系公安干警，且有合法持枪证，不属于私藏枪支弹药，原审判决对被告人以"私藏枪支、弹药罪"定罪显属不当。长沙县人民检察院提出抗诉的理由成立，应予采纳。该院依照《中华人民共和国刑事诉讼法》第一百三十六条第（二）项的规定，判决如下：一、撤销长沙县人民法院对本案判决的定罪部分，维持其量刑部分；二、原审被告人莫某犯隐匿携带枪支子弹乘坐民用航空器罪，判处拘役六个月，缓刑一年。

第一百九十三条　违反本法规定，隐匿携带炸药、雷管或者其他危险品乘坐民用航空器，或者以非危险品品名托运危险品，依照刑法有关规定追究刑事责任。

企事业单位犯前款罪的，判处罚金，并对直接负责的主管人员和其他直接责任人员依照

前款规定追究刑事责任。

　　隐匿携带枪支子弹、管制刀具乘坐民用航空器的，依照刑法有关规定追究刑事责任。

⚡ **充电站**

《中华人民共和国刑法》第二编第二章　危害公共安全罪

　　第一百一十六条　破坏火车、汽车、电车、船只、航空器，足以使火车、汽车、电车、船只、航空器发生倾覆、毁坏危险，尚未造成严重后果的，处三年以上十年以下有期徒刑。

　　第一百一十七条　破坏轨道、桥梁、隧道、公路、机场、航道、灯塔、标志或者进行其他破坏活动，足以使火车、汽车、电车、船只、航空器发生倾覆、毁坏危险，尚未造成严重后果的，处三年以上十年以下有期徒刑。

　　第一百二十一条　以暴力、胁迫或者其他方法劫持航空器的，处十年以上有期徒刑或者无期徒刑；致人重伤、死亡或者使航空器遭受严重破坏的，处死刑。

　　第一百二十三条　对飞行中的航空器上的人员使用暴力，危及飞行安全，尚未造成严重后果的，处五年以下有期徒刑或者拘役；造成严重后果的，处五年以上有期徒刑。

　　第一百二十五条　非法制造、买卖、运输、邮寄、储存枪支、弹药、爆炸物的，处三年以上十年以下有期徒刑；情节严重的，处十年以上有期徒刑、无期徒刑或者死刑。

　　非法制造、买卖、运输、储存毒害性、放射性、传染病病原体等物质，危害公共安全的，依照前款的规定处罚。

　　单位犯前两款罪的，对单位判处罚金，并对其直接负责的主管人员和其他直接责任人员，依照第一款的规定处罚。

　　第一百三十条　非法携带枪支、弹药、管制刀具或者爆炸性、易燃性、放射性、毒害性、腐蚀性物品，进入公共场所或者公共交通工具，危及公共安全，情节严重的，处三年以下有期徒刑、拘役或者管制。

任务四 《中华人民共和国民用航空安全保卫条例》

任务目标

通过本任务的学习，了解对乘机旅客行李检查、证件检查、实施人身检查的规定，知道严禁旅客携带的违禁物品的类型；能运用所学，规范、指导自己的行为；认识到《中华人民共和国民用航空安全保卫条例》有利于防止对民用航空活动的非法干扰，维护民用航空秩序，保障民用航空安全。

任务分析

对于防止对民航活动的非法干扰，维护民航秩序，保障民航安全等方面，《中华人民共和国民用航空安全保卫条例》做出了翔实的规定。那么《中华人民共和国民用航空安全保卫条例》包含哪些规定？要求安检人员在检查中要注意哪些细节？带着这些问题，通过本任务的学习，可以找到答案。

任务实施

1996 年 7 月 6 日，国务院发布第 201 号令《中华人民共和国民用航空安全保卫条例》，共 6 章，40 条款。

一、对乘机旅客行李检查的规定

旅客行李须经安检仪器检查，国务院规定免检的除外；发现可疑物品时，应开箱（包）检查，必要时也可随机抽查；开箱（包）时，可疑物品的托运人或携带者应在场；拒绝接受安检的，不准登机，损失自负。

二、对乘机旅客证件检查的规定

安检人员应检验旅客客票、登机牌、身份证件；对核查无误的旅客，在其登机牌上加盖验讫章。

三、对乘机旅客实施人身检查的规定

安检人员应引导旅客逐个通过金属探测门；对通过金属探测门报警的旅客，应重复过门检查或使用仪器或手工对旅客进行安全检查，必要时可以从严检查，排除疑点后方可放行；对女性旅客实施手工人身检查时，须由女安检人员进行；对经过手工人身检查仍有疑点的旅

客，经安检部门值班领导批准，可将其带到安检室复检，检查应由同性别的两名以上安检人员实施。

四、关于严禁旅客携带违禁物品的规定

第三十二条　除国务院另有规定的外，乘坐民用航空器的，禁止随身携带或者交运下列物品：

（1）枪支、弹药、军械、警械；

（2）管制刀具；

（3）易燃、易爆、有毒、腐蚀性、放射性物品；

（4）国家规定的其他禁运物品。

任务目标

通过本任务的学习，了解安检法规的概念、特点及作用；能运用所学，规范、指导自己的行为；树立有效实施、严格遵守安全检查法规、规则，树立航空安全的意识。

任务分析

在我国，除了《中华人民共和国民用航空法》《中华人民共和国民用航空安全保卫条例》以外，安检人员还应学习、遵守、执行哪些法规和规则呢？安检法规是民航安检部门实施技术检查的法律依据，是安检人员依法行使检查权利、保障民用航空安全的重要手段。其中《民用航空安全检查规则》是为了规范民用航空安全检查工作，防止对民用航空活动的非法干扰，维护民用航空运输安全而制定的规则。通过学习，不仅要了解相关规定，还要在以后的工作中学以致用。

任务实施

一、安检法规

1. 安检法规的概念

安检法规是国家立法和行政机关依据宪法、法律和国家政策制定的、实施民用航空安全技术检查的法律、条例、规章、规定、办法、规则等规范性文件的总称。

2. 安检法规的特点

（1）规范性。安检工作是一项政策性很强的工作，处理问题需有法律依据，不能随心所欲，更不能感情用事。安检法规的制定，使安检工作有法可依、有章可循。

（2）强制性。安检法规是由国家机关制定，以国家权力为基础，凭借国家机关强制力保证实施的行为规则，对所有乘机旅客都有法律效力和约束力。

（3）专业性。安检法规属于业务工作规则性质，它就安检专业工作规定了工作范围、方针原则、处罚处置的管理措施等，有较强的专业性。

（4）国际性。安检法规是根据国际公约及与航空安全有关的其他公约，结合国际形势，按国际标准和建议制定的，适用于我国所有机场乘坐民航班机的中、外旅客。

3．安检法规的作用

（1）法律规范。安检法规为人们提供一个标准、尺度，保证空防安全和民航运输事业的发展。

它的规范作用：① 指引作用，使人们懂得不该做什么、应该做什么和怎样做；② 评价作用，判断、衡量他人行为是否合法，使人们明确合法和违法的区别；③ 教育作用，对人们以后的行为产生影响。

（2）业务指导。安检工作是民航安全工作的重要组成部分，业务性强、政策性强。因此，在安检过程中，要不断培训安检人员，加强对安检法规的学习，把法规作为安检工作的行为准则。

（3）惩罚约束。安检法规对安检人员、乘机旅客都具有约束力。安检人员在检查过程中查出违禁品时，应根据规定分别处理。而违规携带危险品、违禁品的旅客，将按照《中华人民共和国民用航空安全保卫条例》受到处罚。

二、《民用航空安全检查规则》

《民用航空安全检查规则》自 2017 年 1 月 1 日起施行。关于安全检查工作"总则"的主要规定如下。

第三条　民用航空安全检查机构（以下简称"民航安检机构"）按照有关法律、行政法规和本规则，通过实施民用航空安全检查工作（以下简称"民航安检工作"），防止未经允许的危及民用航空安全的危险品、违禁品进入民用运输机场控制区。

第四条　进入民用运输机场控制区的旅客及其行李物品，航空货物、航空邮件应当接受安全检查。拒绝接受安全检查的，不得进入民用运输机场控制区。国务院规定免检的除外。

旅客、航空货物托运人、航空货运销售代理人、航空邮件托运人应当配合民航安检机构开展工作。

第五条　中国民用航空局、中国民用航空地区管理局（以下统称"民航行政机关"）对民航安检工作进行指导、检查和监督。

第六条　民航安检工作坚持安全第一、严格检查、规范执勤的原则。

第七条　承运人按照相关规定交纳安检费用，费用标准按照有关规定执行。

第九条　安检工作应当坚持安全第一、严格检查、文明执勤、热情服务的原则。

思考与练习

1. 简述国际民用航空组织与我国的渊源。

2. 国际航空运输协会的性质是什么？怎么加入该协会？

3. 国际民航公约有哪些？

4. 《中华人民共和国民用航空法》对藏匿携带枪支、弹药、管制刀具乘坐航空器的处罚规定是什么？

5. 旅客严禁携带哪些违禁物品？

6. 什么是安检法规？

7. 简述安检法规的特点、作用。

参考文献

〔1〕孙艳芬,王迎.民航旅客运输〔M〕.北京:高等教育出版社,2021.

〔2〕鞠海虹.航线地理〔M〕.2版.北京:高等教育出版社,2022.

〔3〕张晗.民航安全检查〔M〕.北京:机械工业出版社,2013.

〔4〕魏全斌.民航安全检查实务〔M〕.北京:北京师范大学出版社,2014.

郑重声明

高等教育出版社依法对本书享有专有出版权。任何未经许可的复制、销售行为均违反《中华人民共和国著作权法》，其行为人将承担相应的民事责任和行政责任；构成犯罪的，将被依法追究刑事责任。为了维护市场秩序，保护读者的合法权益，避免读者误用盗版书造成不良后果，我社将配合行政执法部门和司法机关对违法犯罪的单位和个人进行严厉打击。社会各界人士如发现上述侵权行为，希望及时举报，我社将奖励举报有功人员。

反盗版举报电话 （010）58581999 58582371

反盗版举报邮箱 dd@hep.com.cn

通信地址 北京市西城区德外大街 4 号 高等教育出版社法律事务部

邮政编码 100120

读者意见反馈

为收集对教材的意见建议，进一步完善教材编写并做好服务工作，读者可将对本教材的意见建议通过如下渠道反馈至我社。

咨询电话 400-810-0598

反馈邮箱 zz_dzyj@pub.hep.cn

通信地址 北京市朝阳区惠新东街 4 号富盛大厦 1 座
高等教育出版社总编辑办公室

邮政编码 100029

防伪查询说明

用户购书后刮开封底防伪涂层，使用手机微信等软件扫描二维码，会跳转至防伪查询网页，获得所购图书详细信息。

防伪客服电话

（010）58582300

学习卡账号使用说明

一、注册 / 登录

访问 http://abook.hep.com.cn/sve，点击"注册"，在注册页面输入用户名、密码及常用的邮箱进行注册。已注册的用户直接输入用户名和密码登录即可进入"我的课程"页面。

二、课程绑定

点击"我的课程"页面右上方"绑定课程"，在"明码"框中正确输入教材封底防伪标签上的 20 位数字，点击"确定"完成课程绑定。

三、访问课程

在"正在学习"列表中选择已绑定的课程，点击"进入课程"即可浏览或下载与本书配套的课程资源。刚绑定的课程请在"申请学习"列表中选择相应课程并点击"进入课程"。

如有账号问题，请发邮件至：4a_admin_zz@pub.hep.cn。